Transforme su matrimonio

ENSAMIENTOS QUE RENOVARÁN SU RELACIÓN, ENCENDERÁN LA PASIÓN Y TRAERÁN UNIDAD

SHEILA WRAY GREGOIRE

CASA CREACIÓN
Para vivir la Palabra

Para vivir la Palabra

MANTENGAN LOS OJOS ABIERTOS,
AFÉRRENSE A SUS CONVICCIONES,
ENTRÉGUENSE POR COMPLETO,
PERMANEZCAN FIRMES,
Y AMEN TODO EL TIEMPO.
—1 Corintios 16:13-14 (Biblia El Mensaje)

Transforme su matrimonio por Sheila Wray Gregoire
Publicado por Casa Creación
Miami, Florida
www.casacreacion.com

Library of Congress Control Number: 2016946163
ISBN: 978-1-966427-31-5
E-book: 978-1-966427-32-2

Desarrollo editorial: *Grupo Nivel Uno, Inc.*
Adaptación de diseño interior y portada: *Grupo Nivel Uno, Inc.*

Originally published in English under the title:
9 Thoughts That Can Change Your Marriage por Sheila Wray Gregoire
Publicado por WaterBrook Press
Esta traducción ha sido publicada por acuerdo con WaterBrook Press, un sello de The Crown Publishing Group, una división de Penguin Random House LLC, 10807 New Allegiance Dr., Suite 500, Colorado Springs, Colorado 80921 USA

International rights contracted through:
Gospel Literature International P.O. Box 4060, Ontario, CA 91761 USA

Nota de la editorial: Aunque el autor hizo todo lo posible por proveer teléfonos y páginas de internet correctos al momento de la publicación de este libro, ni la editorial ni el autor se responsabilizan por errores o cambios que puedan surgir luego de haberse publicado.

Impreso en Colombia
26 27 28 29 30 LBS 9 8 7 6 5 4 3 2 1

Para Rebecca y Connor.
Es mi oración que disfruten de una larga y bendecida vida juntos.
18 de julio de 2015

Contenido

¡Hacemos lo que pensamos! 9

PENSAMIENTO #1:
Mi esposo es mi prójimo 17

PENSAMIENTO #2:
Mi esposo no me puede hacer enojar. 37

PENSAMIENTO #3:
Mi esposo no fue puesto en la tierra para hacerme feliz . . .55

PENSAMIENTO #4:
No puedo moldear a mi esposo a mi imagen. 73

PENSAMIENTO #5:
No estoy en una competencia con mi esposo 91

PENSAMIENTO #6:
Estoy llamada a ser una pacificadora, no una mediadora . . . 111

PENSAMIENTO #7:
La unión es más importante que tener la razón. 131

PENSAMIENTO #8:
Tener sexo no es lo mismo que hacer el amor 153

PENSAMIENTO #9:
Si no soy cuidadosa, nos distanciaremos 175

Reconocimientos. 193
Preguntas para discutir 195
Apéndice 199
Notas 201

¡Hacemos lo que pensamos!

Mi esposo Keith y yo hemos estado casados durante treinta y dos años, y felizmente casados durante veintisiete años. Los primeros cinco años de matrimonio fueron horribles. El sexo era horrible. La escuela era horrible. Nuestra vida social era horrible. Éramos incapaces de dialogar el uno con el otro.

Aún así, nos las arreglamos para dejar atrás la infelicidad marital y emerger, solo un poco lastimados, a la dicha matrimonial. Estoy totalmente convencida de que esto fue posible porque los dos somos extremadamente obstinados. Ninguno de los dos estaba dispuesto a permitir que nuestro matrimonio fallara. Pero, quizás lo más importante es que ambos somos extremadamente ruidosos. Cuando estábamos molestos, hablábamos de eso. Llorábamos por eso. A veces, me avergüenza admitirlo, incluso gritábamos por eso. Así, a paso lento pero seguro, experimentamos algunos avances, y nuestro hogar se hizo mucho más silencioso.

Pero no estoy segura de que haya hecho alguna de estas cosas "de la forma correcta", si entendemos por "correcto" la manera en que se supone que deba actuar una *buena chica cristiana*. Probablemente usted conoce a esta chica. Ella es recatada, pero a la vez es fuerte como un tigre. Ella cede con entusiasmo, aunque tiene sus propias ideas. Ella nunca levanta la voz o critica a su esposo, aunque es perspicaz y suficientemente astuta como para "ganarle sin decir nada".[1] Su casa está organizada, sus hijos hacen manualidades y su esposo se pavonea orgulloso.

Yo no soy esa chica. Si opino de cierta manera, soy incapaz de quedarme callada. Solo soy buena para explotar, cuando finalmente pierdo la paciencia y me convierto en el mejor modelo de la esposa tipo sargento moderna. Les he servido a mis hijos pastel de chocolate en el desayuno, aunque lo hice solo porque ellos me vieron comiéndolo primero y me pareció justo. No limpio a diario. Voy con demasiada frecuencia a McDonald's y no pido las ensaladas.

Puedo ser un fracaso rotundo desde el punto de vista de la perfecta esposa cristiana, pero aun así tengo un matrimonio sólido. Mi esposo y yo nos sentimos como si somos una sola persona.

Sin embargo, este sentimiento no surgió de forma automática. Y, para mí, el problema empezó en la alcoba.

Keith y yo esperamos hasta el matrimonio para tener relaciones sexuales, y ambos supusimos que sería maravilloso, alucinante y perfectamente natural. Pero no lo fue. Fue incómodo, desastroso y, lo peor de todo, doloroso. Cada vez que Keith quería hacer el amor, sentía rechazo, porque él quería algo que me hacía la vida desdichada. Mi frustración finalmente llegó a un punto en el que yo me preguntaba: *¿Por qué él no puede amarme por lo que yo soy y no por lo que puedo hacer por él?* Lo acusé de egoísta. De no amarme. De ser un neandertal que no podía controlar sus pasiones. Cuanto más peleábamos por culpa del sexo, más me convencía de que no me valoraba. Me sentía muy sola y Keith, en lugar de mostrar comprensión y envolverme en un abrazo, me devolvía las acusaciones: "*¿Por qué no te importan mis sentimientos? ¿Por qué no me deseas?*".

Después de haber orado durante dos extenuantes años para que él pudiera empezar a preocuparse por mí, un pensamiento se alojó en mi cabeza: *¿Crees que el único que puede reparar esta relación es Keith? ¿No crees que tú puedes hacer algo al respecto?* No me gustó mucho esa idea, y discutía vehementemente conmigo misma sobre las razones por las que cambiar era imposible. Incluso si solo considerábamos el tema del sexo, ¿cómo se supone que yo podría disfrutar algo tan asqueroso e incómodo?

Entonces, otro pensamiento me golpeó con fuerza: *Si Dios dice que el sexo es bueno y el mundo entero dice que el sexo es bueno, tal vez deberías comenzar a ver cómo hacer que el sexo sea bueno.*

Estaba sorprendida. Si eso era así, entonces la responsabilidad de hacer algo para solucionar mi problema recaía en mí. Tuve que dejar de pensar que el sexo era horrible y empezar a pensar: *el sexo es grandioso, solo que aún no me he dado cuenta.* El problema pudo haber comenzado en la alcoba, pero no tenía que ver con el sexo. Tenía que ver con mi manera de pensar.

Los años siguientes de mi matrimonio se convirtieron en mi gran proyecto de investigación sobre esa cosa llamada *Nosotros*. Decidí superar mi problema con el sexo de una vez por todas, porque si Dios creó algo tan grandioso, ¡de ninguna manera me lo iba a perder! Leí libros y hablé con amigas sobre cómo hacer que el sexo funcionara. Hablé con consejeros sabios sobre cómo lidiar con problemas del pasado que hacen que la gente se inhiba. Estudié a Keith para saber qué lo hacía sentir amado. A paso lento, pero seguro, me enamoré locamente de Keith, una vez más. Y afortunadamente él también de mí.

Los pensamientos incorrectos nos estancan

Mi matrimonio estaba estancado cuando yo creía que la libido de Keith era la causa de todas nuestras peleas. Después de todo, si su deseo sexual era el problema, la única solución posible para mí era hacer que Keith deseara tener menos sexo. Desperdicié mi esfuerzo en una meta que era un callejón sin salida: adquirí un guardarropa compuesto por largos vestidos de franela, me quejaba constantemente de dolores de cabeza, y dejé de besarlo en cualquier forma.

Estaba malgastando toda esa energía, frustrándome yo y frustrando a mi esposo, porque albergaba pensamientos incorrectos. Fue solo cuando me di cuenta de que tenía una opción diferente (en lugar de estar destinando tanta energía en hacer que Keith deseara menos el sexo, podía pensar en qué podía hacer yo para desearlo más), que las cosas comenzaron a cambiar.

Cuando nuestras opciones son limitadas, es fácil perder la esperanza. Yo creía que mi matrimonio no podía mejorar hasta que Keith cambiara, pero yo no tenía control sobre eso. Estaba estancada. Y cuando estamos estancados, dejamos de luchar, o hacemos cosas contraproducentes como comprar todos los camisones de abuelita que podamos encontrar en la tienda del Ejército de Salvación local. No estamos arreglando nuestro matrimonio, sino cavando un hoyo aún más profundo.

Pero, ¿y si el pensamiento inicial estaba equivocado? ¿Y si la paz y el gozo no dependen del cambio de alguien más, si no que más bien fluyen desde Dios para darnos la habilidad de escoger cómo pensar, cómo sentir y cómo responder? Podemos escoger hacer nuestras vidas gratificantes alineando más nuestros pensamientos con los de Dios. Después de todo, Jesús no es solo nuestra vía hacia la salvación. Él es la verdad misma (Jn. 14:6). Cuando estamos cerca de Jesús, Él nos revela la verdad que nos permite ver todas las opciones que tenemos ante nosotros. Entonces ya no nos sentimos estancados: entendemos que siempre hay un camino frente a nosotros.

Los cristianos también se estancan

Esto suena un poco como esas calcomanías estereotipadas que colocan en los parachoques traseros de los automóviles, ¿verdad? "¿Está usted atascado? ¡Jesús es lo único que necesita!". Aunque esta declaración es cierta, si realmente fuera así de fácil, ¿no tendrían todos los cristianos matrimonios grandiosos?

Sí, lo tendríamos, y creo que es vergonzoso que no sea así. Pero he visto muchos pensamientos incorrectos en círculos de cristianos, que van más o menos así:

> *Si usted tiene problemas con su matrimonio, la solución siempre es orar más, someterse más o amar más. Con solo orar más, logrará que su esposo deje de ver pornografía. Si se somete más, su esposo*

se convertirá en un líder y dejará de jugar esos videojuegos. Si usted lo ama más, dejará de ser un adicto al trabajo y comenzará a recordar su cumpleaños. Haga estas cosas, y su esposo cambiará y usted será feliz.

La oración, por supuesto, es una de las mejores armas que tenemos para traer paz a nuestras vidas, y yo ciertamente no pretendo disminuir su importancia. Pero la razón *detrás* de la oración es importante. Si usted solamente ora para que Dios haga algo, entonces usted está tratando a Dios como a San Nicolás o como a una pata de conejo, no como el Salvador que tiene derechos sobre su vida. La oración siempre debe versar sobre la aceptación de la voluntad de Dios, y no sobre convencer a Dios que haga lo que usted quiere. De forma similar, la sumisión y el amor están entre las actividades más nobles, pero si su propósito al hacerlo es engatusar a su esposo para que cambie y la haga feliz, entonces también es manipulación. Y ese pensamiento incorrecto de que usted necesita que su esposo cambie para que usted pueda ser feliz, limita sus opciones para mejorar su matrimonio. Usted está estancada.

Estas ideas que entran en nuestra mente, de que orando y amando lo suficiente tendremos un matrimonio feliz, son lo que voy a denominar "respuestas generales". Prometen la luna y hacen que el matrimonio parezca algo sencillo. Pero, a pesar de la seducción inicial de la "promesa", en definitiva estas "respuestas generales" no funcionan, porque ponen la responsabilidad del cambio en manos de alguien más. No es usted, en total sumisión a Dios, quien actúa para traer el cambio; es Dios por su cuenta, o su esposo, o un amigo. Usted se convierte en una espectadora.

En este libro estudiaremos nueve pensamientos que pueden cambiar la manera en la que usted ve su matrimonio, y le mostraremos las opciones que tiene para que este sea maravilloso.

Pero la primera elección que necesitamos hacer es la más básica. Es una que descubrí hace veinte años, y que oro para que todos la descubran: Dios nos hizo responsables de nuestras propias acciones, nuestros propios pensamientos, y nuestros propios sentimientos. Nadie más puede hacerlo por nosotros.

Suena un poco duro, como que Dios nos culpa si las cosas salen mal, ¿verdad? Un poquito. Pero yo en realidad creo que asumir responsabilidades más bien nos libera.

Dios es un Dios activo. Él creó el universo con una sola palabra (Gen. 1). Él interviene en los asuntos humanos para traer gloria a su nombre, para traer justicia a la tierra, y para cuidar de los que ama.

Y él nos creó para que actuáramos así. Eso es lo que significa cuando la gente dice que tenemos "libre albedrío". Tenemos la capacidad de escoger. No tenemos que ser espectadores.

Vivir una vida consagrada significa comportarse y obrar bajo el poder de Dios; no significa sentarse y esperar a que alguien más actúe. Con mucha frecuencia, esto es lo que a las mujeres se les ha aconsejado que hagan. Ha hecho que las mujeres hayamos tolerado demasiadas cosas. Pero también ha hecho que no seamos "fortalecidos en el Señor"[2], y que no hayamos luchado utilizando el poder de Dios para hacer su voluntad en la tierra como en el cielo. Hemos estado estancadas, esperando que otra persona cambie. Y nuestros matrimonios, y por extensión nuestras familias y comunidades, han sufrido por ello.

Como utilizar este libro

En el resto del libro, voy a compartir con usted nueve pensamientos, todos con sus propios pasos de acción, que producirán un verdadero cambio en nuestros matrimonios. Los primeros cuatro pensamientos nos mostrarán cómo confrontar nuestras propias motivaciones y actitudes, y posiblemente son los más difíciles de leer. Es mucho más fácil señalar a otras personas como la causa de nuestra infelicidad, pero la animo a ver primero las cosas que están bajo su control, y luego a hacer algo por ello.

Los pensamientos del cinco al siete tienen que ver con nuestro rol en el matrimonio, especialmente en lo que respecta a lidiar con los conflictos. Cuando necesitamos resolver grandes dificultades, ¿cómo podemos hacerlo según la Biblia, como marido y mujer?

Finalmente, pasaremos de analizar los problemas generales de actitud y conflictos, a analizar las tensiones del día a día en la vida de casados. Veremos cómo no dedicarle suficiente energía a nuestra vida sexual y emocional puede terminar robándonos el gozo de estar con nuestros esposos.

Ese es el gozo que quiero para usted. Sé lo que es tener un matrimonio feliz, y sé lo que es tener un matrimonio solitario. La diferencia entre los dos, para mí, tiene mucho que ver con la actitud. Yo solo necesitaba cambiar mi perspectiva. Espero que con este libro pueda ayudarla a ver a su esposo, y también a su matrimonio, a través de un lente diferente.

No sé qué tipo de matrimonio tiene usted. Tal vez la mayor parte del tiempo esté feliz, pero algunas veces su esposo la enloquezca por completo. Tal vez se siente sola la mayor parte del tiempo. Tal vez usted y su esposo se han convertido en buenos compañeros de habitación, y usted se pregunta a dónde se ha ido la pasión.

La mayoría hemos atravesado momentos en nuestros matrimonios en los que estamos más cerca y otros en los que estamos más distantes. Pienso que por ello es que el matrimonio es una relación que perdura durante décadas, ¡nos da la oportunidad de resistir esas tormentas y encontrarnos de nuevo!

Sea cual sea la situación en la que se encuentra su matrimonio, si está cerrando un ciclo o atravesando un momento difícil, oro para que este libro le pueda dar nuevas perspectivas en su relación, para que pueda impulsar el cambio que tanto ansía.

Pensamiento #1

Mi esposo es mi prójimo

Mi esposo es el mayor de cuatro hijos varones; su mamá era ama de casa, y su padre, obrero. Yo soy hija única. Mi padre abandonó a mi madre cuando yo tenía dos años, dejándola como una madre soltera con un trabajo de mucha responsabilidad en el sector público. La casa de Keith era ruidosa, con frecuentes encuentros de lucha libre y puñetazos, algunos incluso involucrando bolas de billar. Mi casa era silenciosa. Yo solía jugar damas contra mí misma, y con frecuencia perdía.

Cuando Keith era joven, compraba boletos para la temporada del equipo de ligas menores de hockey de su localidad. Yo compraba boletos para el Ballet Nacional de Canadá.

Él vivía en un pueblo pequeño. Yo vivía en el centro de la ciudad de Toronto.

A la edad de seis años, comencé a volar en aviones sola para ir a ver a mi papá; y a los dieciocho años había viajado sola por Europa. Keith no se subió en un avión hasta los diecinueve años.

Mi comida favorita era el sushi. La comida perfecta de Keith era carne asada, puré de papas y guisantes enlatados.

Y aún así él fue mi único y verdadero amor. Nos conocimos en la universidad, donde rápidamente nos convertimos en mejores amigos. Después de mi adolescencia, período en el cual me comporté como una verdadera idiota tratando de hacer que mis amigos me adoraran, finalmente conocí a alguien que me aceptó tal como yo era. Reíamos juntos. Dirigíamos juntos un grupo de jóvenes. Éramos almas gemelas.

Tenía la certeza de que él sería la persona que me haría feliz durante el resto de mi vida.

Entonces caminamos hasta el altar, y de repente, este hombre que me había comprendido, complementado y amado, comenzó a tener expectativas y exigencias que chocaban con mi realidad.

Como dije anteriormente, la mayoría de nuestros problemas eran por el sexo. Cuanto más Keith lo deseaba, más sentía yo que solo me amaba por lo que podía hacer por él. Así que oraba: "Señor, por favor, ayúdalo a darse cuenta de cuánto daño me está haciendo. Ayúdalo a que me ame de nuevo". Yo derramaba mi corazón ante Dios con la certeza de que Él, quien seca nuestras lágrimas, me escucharía y me respondería. Pero algunas veces esa verdad de que "El Señor está cerca de los quebrantados de corazón, y salva a los de espíritu abatido" (Sal. 34:18) se convierte en algo más parecido a esto:

> **RESPUESTA ESTÁNDAR:** Dios está cerca de los quebrantados de corazón. ¡Así que entrégale tus preocupaciones! Acércate a Él, porque tu dolor le importa, y Él quiere pelear en tu defensa para que aquellos que quebrantan tu corazón dejen de hacerlo.

Si Dios está cerca de los quebrantados de corazón, entonces Él debería querer vengarlos, ¿no es así? Hice todo lo que la respuesta estándar dice debía hacer: oré, entregué mis preocupaciones a Dios, me acerqué a Él. Sin embargo, mis oraciones no funcionaron.

Keith seguía poniéndose gruñón cuando yo respondía de forma negativa a sus jugueteos. Él seguía sin entender cómo me sentía. Y yo seguía sintiéndome sola.

Yo quería un matrimonio en el que mi esposo me entendiera, me apreciara y me valorara. ¿Acaso no merecía eso? ¿Cuál era el problema de Keith? Y, yendo más al grano, ¿cuál era el problema de Dios? Después de todo, yo estaba haciendo mi parte.

De forma lenta, pero segura, Dios me dio ese matrimonio, pero no de la manera que yo esperaba. Dios no sanó mi corazón herido yendo a pelear la batalla con Keith en mi lugar; Dios sanó mi corazón cuando me ayudó a ver que Keith también estaba lastimado, y que solo comunicándome con él, y resolviendo este tema del sexo, podría tender un puente sobre ese abismo. Dios no quería atacar a Keith y rescatarme; Dios quería que yo dejara de enfocarme en mis penas y que dedicara algo de esa energía a Keith.

Me gustaría decir que aprendí a dominar esto hace veinte años, después de nuestros conflictos iniciales, pero aún sigo necesitando un recordatorio de vez en cuando. Hace poco, Keith y yo pasamos por una de esas temporadas ajetreadas en las que nuestras energías estuvieron enfocadas en mantener todo bajo control, sin mucho tiempo de sobra para compartir el uno con el otro. Keith tenía la agenda copada en el hospital (él es pediatra) y yo, la extrovertida, que nunca ha sabido manejar bien la soledad, me volví un poco ermitaña.

Mientras Keith estaba de guardia en el hospital, comencé a revivir un viejo dolor. Había sufrido muchos rechazos cuando fui niña y adolescente, pero cuando conocí a mi esposo pensé que finalmente tenía a un hombre que me amaría completamente por lo que soy. Así que me sorprendió mucho que la ansiedad ocasionara que él quisiera anular el compromiso que habíamos hecho.

Afortunadamente, el distanciamiento no duró mucho, pero ese rechazo me afectó. Recientemente, atravesé un período en el que parecía que mis compañeros del comité, los amigos de la iglesia y los lectores de mi blog estaban decepcionados de mí, y entonces el sentimiento de rechazo me inundó de nuevo. Y con ello volvió el recuerdo del rechazo de que recibí de mi esposo en esa ocasión.

Cuando Keith culminó el largo período de guardias en el hospital, finalmente pude tener a alguien a quien contarle lo que sentía. Pero no es bueno quedarse despierto hablando de esta clase de sentimientos profundos cuando uno está cansado, porque uno termina exagerándolo todo. Yo particularmente no solo lanzo las cosas que digo. Las meto en un cañón, las dirijo a los puntos más débiles de Keith y casi que celebro cuando veo que doy en el blanco.

Pero en ese momento Keith dijo algo realmente importante: "Solo necesito saber que el *nosotros* está por encima del *tú*". Él no estaba diciendo que mis sentimientos no importaban, ni que sus sentimientos estaban por encima de los míos. Me estaba recordando que estamos del mismo lado, que debía luchar por nuestra unión, a pesar de que mis sentimientos estaban heridos.

Mi esposo es un hombre muy inteligente. Él sabía que jamás estaríamos unidos si siempre estábamos alimentando nuestras propias heridas.

Pienso que este es el mismo sentimiento que Dios tiene para con nosotros. Él no está de mi lado, está de su propio lado; y su deseo para mi esposo y para mí es que seamos "una sola carne". Cuando solo nos fijamos en nuestros corazones lastimados y creemos que el deseo principal de Dios es despojarnos de esas heridas, entonces no estamos tratando a Dios como el Amo del Universo. Lo estamos tratando como nuestro genio personal, listo para cumplir nuestros deseos.

En su libro *Accidental Pharisees* [Fariseos accidentales] el autor, Larry Osborne explica ese proceso de personalizar demasiado a Dios:

> "La mayoría de nosotros tendemos a leer la Biblia como si hubiera sido escrita solamente en segunda persona singular (tú), cuando en realidad casi siempre usa la segunda persona plural (ustedes). Entendemos cada promesa y mandato como si estuviera dirigido directamente hacia nosotros y nuestras circunstancias particulares [...].
>
> De cierta manera, esto es positivo si hace que tengamos la Biblia como un manual para vivir. Pero por otra parte, puede resultar negativo, especialmente si fomenta en nosotros una espiritualidad distorsionada de que "estoy en el centro del universo de Dios".[2]

Dios ciertamente está cerca de los quebrantados de corazón, pero de *todos* los quebrantados de corazón, no solo de nosotros. A Dios también le importan los sentimientos de nuestro esposo.

¿Cómo se siente Dios cuando no nos ponemos de acuerdo?

El período más difícil de la crianza de mis hijas fue cuando ellas tenían entre nueve y doce años. Una ya había alcanzado la pubertad y la otra no. Estas dos encantadoras niñas, que antes jugaban y se reían juntas, de pronto se gritaban entre sí, se delataban la una a la otra y se hacían llorar. Cada vez que Katie hacía un dibujo de Rebecca, le ponía cuernos de diablo. Cada vez que Katie entraba a la habitación de Rebecca, ella la echaba. Como madre, esto destrozaba mi corazón.

Le repetía como un estribillo: "Ella es tu mejor amiga, aunque no lo sientas así. Ella será la persona que seguirá estando en tu vida cuando tengas sesenta años. Mejor comienza de una vez a ser más considerada con ella".

El tiempo y la madurez sanaron sus heridas y hoy en día nos reímos cuando vemos el cuaderno de Katie lleno de cuernos de diablo y el diario de Rebecca lleno de garabatos. Pero en la época en que esto no era gracioso, me dolía mucho ver a mis dos preciosas hijas tan dispuestas a hacerse daño.

Me pregunto si Dios también se sentirá así de dolido cuando hay conflictos en nuestros matrimonios. Tanto nosotras como nuestros esposos somos sus hijos y, sin embargo, aquí estamos muchas veces sin ponernos de acuerdo el uno con el otro.

Gary Thomas, autor de *Matrimonio sagrado*, lo explica de esta manera: ¿Cambiaría su opinión sobre su esposo si usted supiera que Dios no solo es su padre, sino que también es su suegro?[3] Él no es solamente el papá que se le acerca y le recuerda que la ama cuando usted se siente triste. Él también es el papá que quiere reconfortar a su esposo. Dios quiere lo mejor para usted, pero también quiere lo mejor para su compañero.

Él quiere para su esposo lo mismo que quiere para usted: que tenga una esposa que sea su mejor amiga, una amante grandiosa, alguien que lo anime, lo aliente y lo fortalezca cuando empiece a dudar de sí mismo. Él quiere que su esposo tenga a alguien que lo ayude a aferrarse a Dios, alguien que lo estimule a alcanzar cosas cada día mayores y que tenga una gran influencia en su vida.

Y para todo eso, Dios la escogió a usted.

Sí, Dios también escogió un esposo para usted, y sí, Él también quiere que su esposo llene la vida de usted con todas estas cosas. Pero Dios la vio a usted y pensó: *He aquí la mujer para mi hijo.*

Piense en ello. Dios le confió a su precioso hijo. *Y Él quiere que su esposo se sienta amado.*

¿Cómo es eso de amar a mi esposo?

Hace mucho tiempo, un hombre rico le preguntó a Jesús qué podía hacer para llegar a ser una persona suficientemente buena para alcanzar la vida eterna. Jesús le respondió preguntándole qué decían las Escrituras. Este joven rico e inteligente resumió lo que dicen las Escrituras en dos mandamientos básicos: "'Ama al Señor tu Dios con todo tu corazón, con todo tu ser, con todas tus fuerzas y con toda tu mente', y: 'Ama a tu prójimo como a ti mismo'" (Lc. 10:27), Jesús pensó que esa era una buena respuesta y se lo dijo.

Pero esto dejó al hombre con un dilema. Amar al prójimo como a uno mismo es una tarea bastante grande, porque si este joven rico se parece en algo a mí, es que yo me amo mucho. Así que, si se supone que trate a mi prójimo de la manera como me gustaría que me trataran, son muchas las pastillas de amabilidad que me tengo que tomar.

El hombre quería que le aclararan un poco esto, o al menos, que le dieran un poco más de margen de maniobra, así que le preguntó a Jesús: "¿Y quién es mi prójimo?" (v. 29).

Fue ahí que Jesús le contó una historia sobre un samaritano, una persona que pertenecía a un grupo racial y religioso despreciado, que vio a un joven desnudo y abatido a un lado del camino. El samaritano lo recogió, vendó sus heridas y lo llevó a un sitio seguro, pagando para que lo cuidaran.

Lo más impresionante, sin embargo, es que otras personas más cercanas en afinidad al joven abatido se acercaron a él antes que el samaritano y no hicieron absolutamente nada. Un sacerdote y un levita, que se supone debían ser generosos con los necesitados, decidieron ignorar al joven que se encontraba en apuros. Fue necesario que un extraño le brindara ayuda.

Después de contar esta historia, Jesús preguntó: "¿Quién actuó como el prójimo del joven?". "Aquel que lo ayudó", replicó el hombre rico.

Entonces Jesús le dijo que fuera y actuara de la misma manera.

Le lección que a menudo aprendemos de esta parábola es que Dios quiere que amemos a todo el mundo, tanto a propios como a extraños. Pero si Él quiere que amemos a todo el mundo, eso automáticamente incluye a nuestro esposo.

PENSAMIENTO #1
Mi esposo es mi prójimo.

Nuestro esposo es nuestro prójimo, y Dios quiere que amemos a nuestro esposo tanto como nos amamos a nosotras mismas.

Esto no significa que no nos amamos a nosotras mismas, o que nuestras necesidades y sentimientos no le importan a Dios. Él simplemente quiere que cuidemos profundamente al hombre con quien nos casamos.

Pero, ¿es más fácil decirlo que hacerlo? Otra cosa que la historia nos muestra es que la persona que ayudó al samaritano no era un sacerdote o un levita (de quienes se esperaría que ayudaran), sino alguien mucho más lejano. Esto no es tan sorprendente, porque muchas veces es más fácil sentir compasión por gente desconocida que por individuos que conocemos y son cercanos. Conocemos los defectos de nuestros seres queridos, así que es más fácil justificarnos por no acudir a su rescate.

Su esposo tal vez está estresado de verdad, pero es su culpa porque pasa mucho tiempo en videojuegos y no suficiente tiempo puliendo las habilidades laborales que podrían ayudarlo a no entrar en la próxima tanda de despidos. Ciertamente, él puede estar molesto porque usted no hace el amor con suficiente frecuencia, pero si él pusiera un poco más de empeño en hacer que su vida como esposa fuera un poco más sencilla, quizás usted también pondría un poco más de empeño en eso. Para usted es obvio que él ha contribuido con el problema.

Cuando vemos a un extraño que sufre, aunque no conozcamos sus antecedentes, simplemente vemos a esa persona como un *ser humano*. Pero a nuestros esposos normalmente los clasificamos como merecedores o no merecedores. Entonces, se hace muy fácil menospreciar sus necesidades simplemente porque conocemos demasiado.

PASOS DE ACCIÓN: ¿Qué tan bien conoce a su esposo? Cada día, durante las próximas dos semanas, pídale a su esposo que le cuente algo sobre él que usted no sepa, y cuéntele algo nuevo sobre usted. ¿Quién fue su primer amor? ¿Qué quería ser cuando fuera grande? ¿Cuál fue el primer funeral al que asistió? Busque "temas de conversación" en la internet y consiga ideas. Conozca a su esposo mejor de lo que cualquiera lo conoce.

Tratemos a nuestro esposo tan bien como tratamos a nuestro prójimo

Tengo la sospecha de que la mayoría de nosotros mostramos nuestra mejor actitud hacia aquellos que apenas conocemos, y nuestro peor lado hacia quienes conocemos bien. He aquí un pequeño ejemplo: a mí me gusta maquillarme. Los labiales me encantan, y si los combino con brillo labial, pues mucho más. En realidad no me gusta que otras personas me vean al natural. Si voy al supermercado, me maquillo. Me pongo gel en el cabello. Tal vez esto me toma solo tres minutos, pero trato de embellecerme. Si voy a ir a cenar con amigos, me cambio de ropa y me pongo una blusa bonita para verme especial.

Un día se me ocurrió esto: *Estoy haciendo todo este esfuerzo para que unos extraños piensen que soy bonita, pero con mi esposo, que realmente es la única persona que se supone que debe admirarme, me esfuerzo muy poco en verme bien.* ¡Estaba haciendo todo al revés! Así que ahora, quince minutos antes de que Keith llegue, voy a mi habitación, me pongo un poco de labial y rímel, y me arreglo el cabello. Quiero que sepa que él es para mí la persona más especial, y que merece lo mejor de mí, no las sobras.

Su esposo es su prójimo. Su esposo merece que usted lo ame tanto como se ama a sí misma. Y esto significa que a usted ha de importarle que él no se sienta amado, incluso si usted tampoco se siente amada.

¿Significa esto que él saldrá impune si la trata mal? Para nada, y más adelante hablaremos extensamente sobre cómo resolver grandes problemas, y algunos no tan grandes, pero terriblemente molestos. No estoy diciendo que pasemos la escoba para esconder el problema debajo de la alfombra. Simplemente estoy señalando que Dios ama a su esposo y quiere que usted también lo ame.

PASOS DE ACCIÓN: encuentre una forma práctica de demostrarle a su esposo que él, y no un extraño, es su prioridad. He aquí algunas ideas: maquíllese y arréglese un poco antes de recibirlo al final del día. Levántese para recibirlo cuando llegue a casa (o béselo apenas usted llegue), o tráigale su bebida favorita cuando usted se levante a buscar la suya. ¡Escoja una de estas cosas y hágalo un hábito diario!

Amar a mi hombre no debería ser algo tan complicado

He aquí una buena noticia: tengo el presentimiento de que es más fácil que nosotras sepamos cómo hacer que nuestros esposos se sientan amados, que ellos sepan cómo hacer que nosotras nos sintamos amadas.

Hace alrededor de un año, mi esposo y yo tuvimos otra de esas temporadas ajetreadas (desafortunadamente, ¡esto parece ocurrir frecuentemente!) Yo estaba dando conferencias casi todos los fines de semana, y Keith estaba trabajando muchas horas, así que nos estábamos desconectando. Dejamos de hacer el amor varias noches seguidas porque yo estaba preocupada. Luego hablé en una conferencia durante tres noches. Llegué a casa de madrugada después de un largo día de viaje, así que tampoco tuvimos sexo esa noche. La noche siguiente seguía cansada, así que me puse mi pijama de franela de "prohibido el paso", pero ninguno de los dos durmió bien porque sentíamos ese distanciamiento. Y después, ¡bingo!, la noche siguiente lo hicimos.

Al día siguiente Keith llegó a casa con un ramo de flores.

Flores de sexo.

No me gustó. Lo interpreté de esta manera: *mi esposo quiere demasiado sexo, así que me recompensará cuando hagamos el amor y me castigará cuando no lo hagamos. Se distanciará a propósito cuando no hagamos el amor para que yo comience a ceder.* Estaba realmente enojada.

Después de analizarlo, me di cuenta de que estaba atribuyéndole a él el tipo de motivaciones que yo suelo tener. Pero luego, lo entendí: tal vez la razón por la que Keith me compró flores es simplemente porque sintió que nos acercamos.

Supuse que lo que había en su cabeza era: *necesito manipular a mi esposa para que haga lo que yo quiera.*

Pero lo que realmente estaba pensando Keith era: *amo a mi esposa, creo que le compraré unas flores.*

Los hombres no suelen analizar las relaciones de la misma manera en que lo hacen las mujeres. Esto significa que es más fácil mantenerlos contentos. En general, ellos necesitan dos cosas: respeto y sexo. Cuando apoyamos lo que hacen y les mostramos nuestro agradecimiento, se sienten como si midieran diez pies de altura. Cuando les hacemos el amor, afirmamos su masculinidad y se sienten amados. Y cuando se sienten amados, tienden a sentirse menos ansiosos, ser más comprensivos y estar más dispuestos a seguir complaciéndonos, porque sienten que lo están haciendo bien en la relación.

Obviamente estoy generalizando, pero diversos estudios han demostrado una y otra vez que es más fácil hacer sentir amado a un hombre que hacer sentir amada a una mujer, simplemente porque los hombres y las mujeres pensamos de forma diferente. Bill y Pam Farrell lo describen vívidamente en su libro *Men Are Like Waffles, Women Are Like Spaghetti* [Los hombres son como los waffles, las mujeres como los espaguetis]. Los hombres viven sus vidas mentalmente en pequeñas cajas, como los cuadritos de los waffles. Hacen compartimientos. Cuando están en la "caja de relación", piensan en la relación. Cuando están en la "caja de trabajo", piensan en el trabajo. Cuando tienen sexo, están en su "caja de sexo". Y cuando el sexo es bueno, se sienten bien. La caja en la que están en ese momento, es buena, lo que significa que en ese momento se sienten bien.

Cuando la caja es buena, se quedan felices dentro de ella. Cuando la caja es mala, se retiran. Por eso es que si un hombre piensa que es pésimo en el matrimonio, comenzará a trabajar más (pasando más tiempo en su "caja de trabajo") o jugará más en la computadora (pasando más tiempo en su "caja de tiempo de ocio"). Se refugia en aquellas cajas donde es competente.

Pero nosotras, las criaturas espaguetis, somos mucho más temperamentales. Todo se relaciona con todo. En lugar de tener una vida dividida en diferentes cajas, todo está interconectado. Así que si usted está alterada porque su esposo pierde mucho la paciencia con el comportamiento del niño; aunque él luego la lleve a cenar; le diga que luce hermosa; la lleve a casa, la bese y le dé un masaje; es probable que usted se resista al sexo y lo aleje porque en todo este tiempo que él ha estado haciendo cosas agradables por usted, usted aún recuerda lo que pasó con el niño.

Si él puede ser tan atento conmigo, ¿por qué no puede serlo con el niño? Es solo porque quiere sexo, ¿verdad? El niño es solo una parte del espagueti que se inmiscuye hacia todos sus pensamientos, incluso cuando está en una salida romántica.

Esta característica del espagueti de interconectarse con todo, hace que para los hombres sea terriblemente difícil ponernos de buen humor (algunas mujeres, por supuesto, tienen una libido más alta que la de sus esposos, y de eso hablaremos más adelante, pero una gran frustración en muchos matrimonios es que la libido de él es mayor que la de ella). Mi esposo me ha preguntado muchas veces:

—¿Qué tengo que hacer para ponerte de buen humor?

Y yo me he quedado sentada, paralizada.

—Un masaje ayudaría—, le he dicho.

Y lo hace, pero no funciona.

—Tal vez hablar de lo que estuve pensando más temprano podría ayudar.

Y también lo hace, pero eso tampoco es la solución mágica.

Keith se frustra porque no soy capaz de simplemente decirle qué debe hacer. Pero lo cierto es que yo no sabía, porque siempre había un pedazo de espagueti disperso alterando la noche, y usualmente era un pedazo de espagueti diferente cada noche.

Las mujeres somos complejas. No hay forma alguna de que ellos puedan hacerse cargo de todo ese espagueti. Y como somos multitareas y pensamos en muchas cosas a la vez, si alguna de cosa no está en armonía, nuestro estado de ánimo se ve afectado.

Es relativamente fácil para una mujer hacer que un hombre se sienta amado, porque él es capaz de experimentar solo una cosa a la vez. Pero es relativamente difícil para un hombre hacer sentir amada a una mujer, porque ella suele tener muchas cosas en su mente al mismo tiempo. *Es por ello que gran parte del poder de la dinámica de la relación recae en nuestras manos.*

Me encanta ver parejas de gente mayor tomadas de la mano cuando caminan, o que se miren a los ojos en un restaurante. Pero algunas veces, ver a una pareja mayor me pone triste. Conocí a Maude en el centro local de recreación, en una clase de gimnasia acuática a la cual suelen asistir mujeres que son varias décadas mayores que yo. Mientras la mayoría de estas mujeres hablaban sin parar sobre sus nietos, Maude se quejaba de su esposo, Jerry. Él es muy flojo para venir a ejercitarse. Él nunca trae los víveres correctos cuando ella lo manda a la tienda. Él se olvida de llamar a su hermana en su cumpleaños, y ella tuvo que disculparse por él. ¡Y es un gruñón!

Un día Jerry tuvo un infarto leve, y su doctor le dijo que era bueno que se inscribiera en una clase de ejercicios. Cuando llegó, yo esperaba ver a un hombre huraño, amargado por su vida. Pero lo que vi fue un hombre con una pícara sonrisa y unos ojos chispeantes, excepto cuando veía a Maude. Rápidamente se convirtió en el favorito de todas las otras damas mayores, pero para Maude, él nunca fue lo suficientemente bueno.

Me pregunto: ¿Cómo lucirían hoy Maude y Jerry si, en sus primeros años de matrimonio, Maude le hubiera agradecido por haber traído los víveres que trajo, en lugar de señalarlo por los que olvidó? ¿Qué habría pasado si ella hubiera respetado su opinión, considerado cada una de sus palabras, y valorado el tiempo que pasaban juntos? Apuesto a que sus ojos aún chispearían por ella también. Si ella se hubiera comportado como su prójimo en lugar de concentrarse en cuán herida estaba o lo incorrecto que él había sido, ¿podría ella haber creado una relación diferente?

PASO DE ACCIÓN: No solo le diga a su esposo que lo ama. Dígale cada día *por qué* lo ama. En vez de concentrarse en las cosas que la molestan, haga énfasis en lo que ama de él.

Dios quiere que ame a mi esposo primero

Todo esto se reduce a una sola cosa: a Dios lo que más le importa es el carácter, y esto significa que Dios quiere que hagamos lo correcto, aunque nuestro esposo aún no parezca querer adoptar esa tendencia. Después de todo, nosotras no hacemos lo correcto solo si ellos hacen lo correcto primero; hacemos lo correcto simplemente porque es lo correcto. *Y esto puede cambiarlo todo.*

Dar el primer paso es una manera de hacer las cosas al estilo de Jesús. Pablo nos dice en Romanos 5:8 que "cuando todavía éramos pecadores, Cristo murió por nosotros". Jesús no esperó a que limpiáramos nuestras acciones primero, Él murió cuando todavía éramos pecadores. Y Dios también quiere que nosotras actuemos y amemos a nuestros esposos ahora, cuando "aún son pecadores".

Es difícil dar el primer paso si seguimos justificando nuestro distanciamiento y nuestra rabia porque tenemos el corazón herido. Mi amiga Julie había estado sufriendo en su matrimonio. Estaba abrumada y sola criando a sus dos hijos, y su esposo, amante de la lógica, no sabía cómo hacer frente a sus estallidos emocionales. Ella no experimentó ningún avance hasta que se dio cuenta de que su corazón herido era parte del problema. Ella dijo:

> "Ambos éramos cristianos consagrados, pero nuestro matrimonio estaba muy mal. Aprendí durante ese tiempo que hay una gran diferencia entre tener un corazón herido y un espíritu quebrantado. Lloré mucho, oré mucho y hablé mucho con mi esposo, pero todo desde ese corazón herido. No fue sino hasta que dejé que mi espíritu se quebrantara, cuando verdaderamente me humillé y examiné cuidadosamente la manera en que Dios me veía a MÍ en nuestro matrimonio, que pude experimentar el cambio. Años después, puedo decir con honestidad que nuestro matrimonio es maravilloso, ¡y que ahora los dos somos uno!".

Algunas veces, ese espíritu quebrantado es la única vía para sanar verdaderamente un matrimonio. Cuando dejamos de decir: "Él me está haciendo daño", y empezamos a decir: "¿En qué he contribuido yo con su dolor, y cómo puedo enderezar esta situación?", nuestros matrimonios pueden cambiar. La humildad es un ingrediente esencial para el cambio. Humildad no significa aceptar toda la culpa; humildad simplemente significa que estemos dispuestas a dar el primer paso para amar a nuestros esposos como a nuestro prójimo, aunque ellos no hagan lo mismo con nosotras. Hacemos lo que es correcto porque queremos obedecer a Dios.

PASO DE ACCIÓN: Incluya la confesión y la disculpa en sus oraciones y en su matrimonio. Comience sus oraciones confesándose y, cuando sepa que ha hecho algo incorrecto, discúlpese inmediatamente, aunque su esposo también haya hecho algo incorrecto.

El primer deber del prójimo es el cariño

Dios quiere que usted sea cariñosa con su esposo. Esto es algo muy sencillo, y a la vez complicado.

Esta lección la aprendió la autora y bloguera Juana Mikels cuando su matrimonio atravesó por una crisis hace treinta años, solo dos años después de que ella y su esposo se casaron y se prometieron amor eterno. Pero ella no podía sobreponerse a su dolor, así que decidió que sería más feliz separándose de él. Seis meses después de su separación, se dio cuenta de que había cometido un error. Quería reconciliarse. Terry, sin embargo, estaba asustado. Juana lo había herido profundamente cuando decidió irse. ¿Cómo podía estar seguro de que ella no lo haría de nuevo?

Juana decidió que lo seduciría nuevamente a través del cariño. Lo primero que hizo al mudarse de nuevo a la casa fue prepararle café, lo cual él rechazó antes de salir furioso, para luego mudarse solo. Eso la desanimó. Ahí estaba ella, lista para humillarse y amarlo de nuevo, ¡y él rechaza su oferta de paz! Sabiamente, ella buscó el consejo de una pareja mayor en su iglesia, quienes oraron fervientemente por ella, pidiéndole a Dios que le diera paciencia y cariño hacia su esposo.

Juana logró romper la renuencia que él había mostrado inicialmente, y comenzaron a salir de nuevo. Iban a juegos de baloncesto, a cenar o a caminar. Algunas veces, cuando él la atacaba para probar si la disposición de ella era en serio, ella le devolvía los ataques.

Ella me dijo: "Me di cuenta de que cada vez que lo atacaba, era como si me estuviera cortando mi propia pierna. Estábamos comportándonos como si estuviéramos en una competencia, y no era así".

No se suponía que estuvieran en bandos opuestos, sino en el mismo bando.

El proceso de reconciliación tomó un año y medio, mucho más de lo que Juana quería. Pero durante ese tiempo ella aprendió a valorar lo que él sentía y a cuidarlo cuando estaba lastimado. Prestó atención a los sentimientos detrás de sus palabras, en lugar de reaccionar a sus propios sentimientos. Fue cariñosa, y ese cariño derritió la rabia de él y le hizo bajar sus escudos.

"Volvimos a ser nosotros otra vez", dijo.

Hoy en día el cariño se ha vuelto el principio que mueve su matrimonio.

Proverbios dice: "El que es bondadoso se beneficia a sí mismo; el que es cruel, a sí mismo se perjudica" (Pr. 11:17).

Cuando tenemos a Dios como nuestro genio personal y nos concentramos en nuestros propios sentimientos, nos perdemos la oportunidad de construir el tipo de unidad que queremos. Nuestro esposo es nuestro prójimo. Tratémoslo con el cariño y la amabilidad con la que trataríamos a un desconocido, sin que el espagueti nos afecte. Así veremos cómo nuestro corazón herido comienza a sanar.

PASO DE ACCIÓN: Tenga dos muestras de cariño para con su esposo cada día. ¿Necesita algunas ideas? Encontrará algunas en las páginas 28-30.

Cuando dejé de fijarme en lo que Keith tenía que hacer para hacerme sentir mejor y me centré en lo que yo podía hacer para demostrarle mi amor, no solo mis acciones cambiaron, sino también mis sentimientos. Creer que "nosotros" es más importante que "yo" significaba que no podía seguir reviviendo viejas heridas. Tenía que preguntarme: "¿Qué nos puede fortalecer en este momento? Y la respuesta casi nunca era sentir lástima por mí misma. Siempre era buscar la manera de amar más a mi esposo. Él es mi prójimo, y ambos estamos interconectados. No puedo hacerle daño sin hacerme daño a mí misma. Pero cuando lo bendigo a él, me bendigo a mí misma. Y ese es el significado de prójimo.

RESUMEN DE LOS PASOS DE ACCIÓN:

1. ¿Qué tan bien conoce a su esposo? Todos los días, durante las próximas dos semanas, pídale a su esposo que le cuente algo nuevo sobre él, y comparta algo nuevo sobre usted.

2. Demuéstrele a su esposo que él es su prioridad. Maquíllese para él, recíbalo en la puerta, o béselo antes de besar a alguien más.

3. Dígale a diario a su esposo *por qué* lo ama.

4. Haga de la confesión parte de sus oraciones diarias, y discúlpese cuando sienta que ha hecho algo incorrecto.

5. Practique actos aleatorios de amabilidad. Escoja dos o tres de la siguiente lista y conviértalos en hábitos.

Actos aleatorios de amabilidad para mi esposo

¿Necesita algunas ideas prácticas sobre cómo comportarse como el prójimo de su esposo? Aquí le ofrezco veintidós para comenzar. A su esposo tal vez no le agraden todas ellas: si es introvertido y necesita su propio espacio, hacerle un masaje en los hombros mientras se relaja navegando por la internet quizás no sea una buena idea. Lea la lista y descarte las ideas, de acuerdo a las preferencias de su esposo y su personalidad. Luego, escoja dos o tres y adquiera el hábito de practicarlas regularmente.

1. Ore por él frente a sus hijos.
2. Compartan un café en las mañanas.
3. Dele un masaje en la espalda.
4. Presuma de él frente sus amigos cuando él pueda escucharla.
5. Dígale algo que admire de él con relación a su trabajo, y trate de pensar en cosas diferentes cada vez.
6. Pásele los dedos por el cabello cuando estén viendo una película.
7. Prepárele la ropa que se va a poner al día siguiente.
8. Haga una cita para cambiarle el aceite al automóvil.
9. Clasifique el correo para que él no tenga que hacerlo.
10. Envíele un mensaje de texto diciéndole específicamente lo que le encanta hacer con él.
11. Llévele un vaso de agua si está trabajando afuera, bajo el sol.
12. Llévele una bebida cuando esté trabajando en su escritorio.
13. Pregúntele qué le gustaría para cenar, y deje que él escoja el menú al menos una vez a la semana.

14. Vístase con algo que usted sepa que a él le gusta.

15. ¿Va con los niños a comerse un helado o un postre? Llévele uno a él también, incluso si van durante el día, mientras él está trabajando. Guárdenle uno, con una nota que diga: "estuvimos pensando en ti".

16. Séquelo cuando salga de la ducha, y póngale crema humectante para hombres o talco. Seque su cabello con una toalla y dígale que le encanta como huele. Sin duda, esto puede ser un poco sexual.

17. Léale el capítulo de un libro, una historia graciosa, o un artículo del periódico cuando se esté dando un baño.

18. Ore por él cuando estén acostados en la cama en voz alta. Tómele la mano, ponga su brazo sobre el de él y diga una plegaria de una o dos oraciones.

19. ¿Caminando con él? ¡Extienda su mano y tóquelo por un segundo!

20. Masajee sus pies cuando estén viendo televisión. (También puede tomar una toalla y lavar sus pies y luego ponerles crema).

21. Pídale su consejo sobre algo, y luego siga ese consejo (sin discutir con él).

22. Pídale que le explique algo referente a sus pasatiempos.

Pensamiento #2

Mi esposo no me puede hacer enojar

Mi amigo Derek normalmente realiza actividades como arrancar árboles, demoler cosas o reparar camiones. Todo un hombrón. Pero también disfruta de ir a comprarle ropa a su esposa, Lisa. Todavía me acuerdo de Lisa en la iglesia un domingo hace doce años. Llegó vestida con una hermosa falda de tipo campana color salmón, una chaqueta y blusa con pliegues. Lisa es una chica de campo, así que su atuendo me tomó por sorpresa.

—Te ves hermosa —le dije, quizás un poco más entusiasmada de lo que se considera cortés.

—¡Lo sé! —dijo ella—. Derek lo escogió para muestro aniversario.

Todos los años, él le compra ropa nueva. Tiene un don para saber lo que le quedará bien y lo que a ella le gustará, mucho mejor que el de la propia Lisa.

Pero hace unos cinco años, Derek comenzó a trabajar en un lugar que lo mantiene alejado de su casa, lo que redujo casi todo su tiempo de pareja a los fines de semana. Recientemente, Lisa necesitaba un nuevo atuendo para una reunión de negocios, así que se fue a un centro comercial y a regañadientes escogió el atuendo menos terrible que encontró.

Cuando Derek llegó a casa ese fin de semana, vio su ropa nueva.

—Yo pude haberte escogido algo mejor.

La presión sanguínea de Lisa aumentó. *Sé que Derek tiene más habilidad que yo para comprar ropa, ¡pero no es mi culpa que yo tenga que hacerme cargo de todo aquí cuando él se va! No es mi culpa que ya él no tenga tiempo para ir de compras. Hice lo que pude.*

—Es una tontería —me dijo Lisa por teléfono—. Sé que él extraña comprarme ropa. A él le encanta sentir que me cuida, y solo está decepcionado porque ya no tiene la oportunidad de hacerlo. Pero en ese momento me sentí molesta.

A veces, cuando nos decepcionamos de nuestra pareja, creemos que nuestra respuesta emocional está fuera de nuestro control. Nos consideramos personas perfectamente inocentes, a las que de la nada nuestro esposo nos ha respondido con rudeza. Nos sentimos enojadas. Nos sentimos heridas. Pero, ¿y si esto fuera evitable? El filósofo cristiano Peter Kreeft puntualizó: "Los sentimientos, al igual que las olas, se ven más firmes de lo que son"[1], y creo que tiene razón. ¿Y si los sentimientos no tuvieran tanto poder sobre lo que pensamos?

Recuerdo a mi hija Rebecca, cuando tenía tres años, jugando con las olas en su primer paseo a la playa. Se cayó y las olas la arrastraron hasta el fondo, así que salió del agua balbuceando y llorando. Mi esposo la tomó en sus brazos y le enseñó como resistir esas olas.

"Rebequita —le dijo—, lo único que tienes que hacer es aferrarte con más fuerza al suelo, ponerte frente a las olas y esperarlas.

Con gran determinación, Rebecca apretó los dedos para enterrar sus pies firmemente en la arena, miró las olas atentamente, y luego rió al ver que pudo avanzar con ellas.

PENSAMIENTO #2
Mi esposo no me puede hacer enojar.

Cuando nos preparamos para recibir las olas, estas se convierten en una sacudida menor, no en algo que nos deje devastados. El matrimonio nos plantea el mismo reto. Es fácil que los sentimientos nos arrastren, pero es algo que podemos evitar.

Ahora bien, no estoy tratando de minimizar los sentimientos de dolor o de ira. Es posible que existan problemas importantes en nuestros matrimonios, y en los próximos capítulos veremos cómo resolver esos conflictos. Con frecuencia, cuando nos enojamos, es más por la razón por la que Lisa se enojó con Derek: cosas de la vida, pero nos dejamos arrastrar por ellas.

Lleve todo pensamiento cautivo

Pero, si él se comporta de forma irritante, ¿no es demasiado difícil mantenernos impasibles? El apóstol Pablo no lo creía así. En 2 Corintios 10:5 nos dijo: "Destruimos argumentos y toda altivez que se levanta contra el conocimiento de Dios, *y llevamos cautivo todo pensamiento para que se someta a Cristo*".

En vez de dejar que nuestros pensamientos determinen nuestros sentimientos y acciones, podemos *escoger* qué hacer con nuestros pensamientos. No debemos dejarnos arrastrar por ellos.

Esa es la visión que la Biblia nos presenta de la mente: tenemos un papel activo en decidir qué tipo de pensamientos albergamos. Y en este capítulo quiero mostrarle cómo hacerlo.

Pero antes, me gustaría aclarar lo que *no* estoy diciendo. Muchas veces, lo que suelo escuchar como respuesta es más o menos así:

CREENCIA POPULAR: ¡No se ofendan! Si alguien es insensible u ofensivo, ignórelo y continúe enfocado en Dios.

¿Escuchó algo que le molesta? ¡Solo ignórelo!

"No hacer caso de las cosas insignificantes" es un buen consejo general. La mayoría de las preocupaciones son solo pequeñeces, como de qué lado se debe colocar el papel higiénico o cómo se aprieta el tubo de pasta dental. Pero no todas las cosas son pequeñeces ni se pueden ignorar, ni se *deben* dejar pasar. Ciertamente, no le estoy sugiriendo que ignore amenazas genuinas que existan en su matrimonio. Los grandes problemas deben observarse y tratarse, como discutiremos más adelante.

Pero podemos cambiar deliberadamente nuestros patrones de pensamiento para que sea mucho menos probable que las cosas pequeñas nos molesten. Para hacerlo, sugiero que llevemos nuestros pensamientos cautivos con una doble estrategia: (1) observar atentamente cuando exista la probabilidad de que nuestros sentimientos nos sobrepasen; (2) pensar deliberadamente de forma positiva sobre nuestro matrimonio.

Paso 1: Identificar los detonantes

Como conté anteriormente, mi esposo y yo tenemos períodos muy ajetreados en los cuales sus guardias y su agenda de trabajo no concuerdan con mis horarios como conferencista. De repente, podemos pasar de comer todas las noches juntos a vernos apenas unas cuantas noches en un período de varias semanas. Incluso he dejado de llamarlos "períodos ajetreados" y he comenzado a llamarlos "períodos de distancia". Cuando no compartimos el día a día, me siento como aislada, por mucho que intentemos compensarlo llamándonos, enviándonos mensajes de texto o a través de Skype.

Cuando Keith viene a casa, aunque me alegra que regrese, siento que es casi una perturbación. Tengo que volver a cocinar comidas completas, en vez de comer cualquier cosa sobre la marcha. No puedo trabajar cuando me llega una idea. Como tengo que reajustar mi horario, cuando lo veo regresar a casa y jugar en su computadora, reacciono de forma exagerada. He pasado todo este tiempo preparándome para hacer algo con él, ¡y ahora llega y me ignora! A mí no me importa que él juegue durante más de media hora, y normalmente no me importa que se distraiga un poco. Pero si yo sigo el programa, ¿no debería él hacerlo también?

Esa "temporada de distancia" es el detonante que me hace enojar. Si no hubiésemos estado distanciados, el hecho de que él jugara no me molestaría. Después de todo, ¡yo también tengo mis pasatiempos! Pero cuando ya he estado distanciada, mis emociones me sobrepasan. Cuando ya existe algo adicional que ha estado influyendo en nuestro estado de ánimo, tenemos un riesgo mucho mayor de sentirnos molestos. Ese "algo adicional" es el detonante que nos hace sentirnos muy irritados.

Si usted no está segura de cómo funcionan estos detonantes, observe las siguientes situaciones. Una noche, su esposo llega a casa más tarde de lo normal, y esto no le molesta en lo absoluto. Una semana después, llega a la misma hora, pero usted lo ha estado esperando furiosa durante treinta minutos, ensayando todo lo que le va a decir en lo que cruce la puerta. Usted piensa: *¡A él no le importa nuestra familia!* Decide que él tiene el problema, e incluso que él *es* el problema.

O quizás algunas mañanas usted está lista para pelear con su esposo por haber dejado los calcetines en el piso y no dentro de la cesta, mientras que otros días usted recoge la ofensiva prenda mientras canta su canción favorita.

Nos concentramos en la infracción, llegar tarde o dejar las medias regadas por ahí, pero a menudo no nos damos cuenta de que no es necesariamente lo que hace nuestro esposo lo que nos hace enojar; sino otras cosas de fondo que nos hacen ver a nuestro esposo bajo una luz poco favorecedora. Dejamos que estas otras cosas, los detonantes, influyan en la manera en que pensamos sobre él. Ahora, conocer estos detonantes nos puede ayudar a minimizar su capacidad de descontrolarlos.

Trate de identificar estos cuatro detonantes comunes:

Sentirnos abrumadas o afanadas. Digamos que la noche en que su esposo llegó media hora tarde y usted explotó fue también la noche en la cual uno de sus hijos tenía prácticas de fútbol a las seis y cuarenta y cinco, mientras que el otro tenía natación a las siete, y usted había pasado todo el día devanándose los sesos pensando cómo haría para llevar a cada uno al lugar correcto, en el momento correcto, sin que ninguno de los dos llegara tarde. No había margen de error.

PARA TOMAR EN CUENTA: Pregúntese: *Las últimas veces que me he sentido frustrada con mi cónyuge, ¿había estado extremadamente ocupada?* Si es así, quizás necesite revisar su horario: las actividades de los niños, los proyectos laborales adicionales, las actividades de la iglesia, y ver en qué aspectos puede recortar un poco o pedir ayuda.

Sentirnos cansadas. Cuando estamos exhaustos, nos ponemos de mal humor. Mi amiga Tammy acababa de aterrizar en el aeropuerto de Quebec, luego de un viaje a Escocia; y su esposo estaba de pie en el área de llegada, esperándola para abrazarla y darle la bienvenida a casa. Aún bajo los efectos de la diferencia horaria, después de más de 24 horas casi sin dormir, ella colapsó en el auto, deseosa de desplomarse en la cama tan pronto como llegara a casa. Pero durante el traslado, su esposo Steve mencionó el hecho de que *Revenue Canada* (el ministerio de hacienda canadiense) había decidido auditar los recibos de inscripción de la carrera que ella había estado estudiando.

Y así comenzó una riña de una hora sobre quién había sido el culpable de que esos recibos no se hubiesen enviado, si era urgente hablar de eso, y de lo estresado que todos estaban.

"Le dije cosas a Steve que normalmente nunca le diría —admitió Tammy con timidez—. Pero no era yo. Me encontraba totalmente nublada.

La mañana siguiente, buscó el recibo en cuestión, lo escaneó y se lo faxeó a *Revenue Canada*. Todo el proceso le llevó 30 segundos. Pero su agotamiento del día anterior había explotado en un juego de echarse la culpa uno al otro, durante una hora. Cuando estamos cansados, sencillamente no manejamos bien las cosas pequeñas.

PARA TOMAR EN CUENTA: Pregúntese: *¿He dormido lo suficiente últimamente?* Si no es así, identifique la causa de su falta de sueño. ¿Necesita irse antes a la cama? ¿Apagar la computadora más temprano en la noche? ¿Enseñar a los niños a acostarse más rápido, sin todo el trajín que consume tanto tiempo? ¿Necesita reducir sus actividades para tener más tiempo para dormir? ¿Comprar tapones para los oídos, si su esposo ronca? Haga un plan para aumentar sus horas de sueño que le permita estar más descansada durante el día.

Estar a la defensiva. Quizás usted está molesta consigo misma porque se le hace imposible mantenerse al día con el trabajo doméstico. Tal vez siente que debería haber avanzado más en su vida profesional. Quizás siente que debería ser una mejor madre.

Hace poco en una de mis conferencias una mujer se me acercó para que orara por ella porque había notado que todo el tiempo se sentía molesta con sus hijos. Ella no quería ser el tipo de madre que siempre estaba gritando, pero su casa era desordenada, ruidosa y caótica, y constantemente se sentía de mal humor.

Cuando hablamos, le comenté que la rabia normalmente es un sentimiento secundario. Reaccionamos con rabia porque anteriormente sentimos otra cosa, y si ese sentimiento es demasiado fuerte o difícil de manejar, lo convertimos en rabia. En su caso, ella le tenía un miedo inmenso al fracaso. Temía no ser una buena madre y ser un ama de casa terrible. Cuando las cosas en el hogar se agitaban, para ella era prueba de que sus temores eran justificados, así que se enojaba para evitar la culpa.

Pero el problema era que ella ya estaba molesta consigo misma. Y cuando estamos molestos con nosotros mismos, normalmente reflejamos esa ira hacia los demás, porque es más fácil desde el punto de vista psicológico.

PARA TOMAR EN CUENTA: Pregúntese: *¿Me estoy esforzando demasiado en ser perfecta? ¿Me siento como una fracasada constantemente?* Si es así, comprométase a orar con total honestidad por sus temores. También puede trabajar sus preocupaciones con un amigo o un mentor, de manera que no proyecte la ira que siente contra usted hacia los demás.

Estar "hormonal". Por último, no podemos olvidarnos de las hormonas. Si saco la cuenta de todas las veces que me he convertido en un mar de lágrimas frente a mi esposo en los últimos meses, todas coincidirían exactamente con... bueno, usted sabe de qué estoy hablando. Y créame, se pone peor cuando llegamos a los cuarentas y comienza la perimenopausia. Nuestras hormonas solían aparecer y fluctuar de vez en cuando, pero ahora nos atacan, nos derriban y nos pisotean la mayor parte del tiempo.

Un día un calcetín en el piso es solo un calcetín. Al día siguiente, ese mismo calcetín es la encarnación del mal. Así que para llevar control de este detonante, descargué una aplicación[2] en mi teléfono que diagrama mis estados de ánimo y me advierte cuando mis días difíciles están por llegar. Ahora, durante esos días, trato de retirarme y pasar tiempo a solas, pedimos comida para llevar, y comemos mientras vemos televisión en vez de hacerlo en el comedor como una familia. ¡Es mucho más seguro para todos!

PARA TOMAR EN CUENTA: Pregúntese: *¿Me pongo gruñona o mal humorada cuando estoy en mi ciclo mensual?* Si es así, quizás sea tiempo de planear con antelación y marcar esos días difíciles en un calendario, y advertirles a los demás anticipadamente.

Como evitar que los detonantes descarrilen nuestros pensamientos

1. Piense en las últimas tres veces en que reaccionó con ira hacia su esposo. ¿Alguno de estos cuatro detonantes: sentirse abrumada o afanada, cansada, estar a la defensiva o bajo los efectos de las hormonas, han tenido algo que ver?

2. Si no puede recordar las circunstancias que rodearon las últimas veces que estuvo enojada, tome un cuaderno y anote todo durante un mes. Cada vez que comience a sentirse enojada, deténgase y pregúntese si alguno de los detonantes la está afectando.

3. Si algún detonante en particular se sigue repitiendo, reflexione junto a su esposo (o alguna amiga) sobre cómo puede hacer para reducir las consecuencias de dicho detonante.

Paso 2: Escoja sus pensamientos

Una vez que haya identificado los detonantes de su enojo, ¡es mucho más fácil evitar sentirse molesta otra vez! Pero hay algo más que puede ayudarle a reducir las probabilidades de sentirse enojada: piense intencionalmente en cosas que la hagan feliz. Pablo habló de esto en Filipenses 4:8:

> "Por último, hermanos, consideren bien todo lo verdadero, todo lo respetable, todo lo justo, todo lo puro, todo lo amable, todo lo digno de admiración, en fin, todo lo que sea excelente o merezca elogio".

Llevar los pensamientos cautivos significa ser intencionales en lo que escogemos poner en nuestras mentes. La vida no tiene que ser un flujo de pensamientos sin forma en el cual alojamos cualquier cosa que se nos pase por la cabeza. Pensar puede ser un ejercicio deliberado e intencional.

¡Y de hecho funciona! Tal vez suene descabellado, especialmente si nos preguntamos: *¿Cómo puedo pensar en lo que es puro y digno de admiración cuando estoy enojada?* Cuando Pablo escribió estas palabras, estaba encerrado en una celda bajo vigilancia las 24 horas del día. Sabía que se enfrentaba a una muerte casi segura. No sé lo que le esté pasando a usted, pero no creo que se pueda comparar con esto. Y a pesar de estar en esa terrible situación, cuando hacemos un estudio del libro de Filipenses, descubrimos que las palabras que Pablo escribió con mayor frecuencia fueron *gozo* y *regocijarse.* ¡El tema principal del libro de Filipenses es aprender a regocijarse!

Justo antes de que Pablo nos pidiera que pensáramos en lo que es puro y correcto y digno de admiración, escribió:

> "Alégrense siempre en el Señor. Insisto: ¡Alégrense! Que su amabilidad sea evidente a todos. El Señor está cerca. No se inquieten por nada; más bien, en toda ocasión, con oración y ruego, presenten sus peticiones a Dios y denle gracias. Y la paz de Dios, que sobrepasa todo entendimiento, cuidará sus corazones y sus pensamientos en Cristo Jesús" (Flp. 4:4–7).

Independientemente de nuestras circunstancias, nuestra primera reacción debe ser regocijarnos. Si tenemos problemas, ciertamente debemos llevarlos al Señor, pero luego se nos promete que la paz de Dios guardará nuestros corazones *y nuestras mentes.* La paz abarca tanto nuestros sentimientos como nuestros pensamientos. Y Pablo nos dice cómo renovar esos pensamientos: pensando en cosas buenas. Creo que también podemos aplicar este principio intencionalmente en nuestro matrimonio.

Fíjese cuando él haga cosas buenas. Mi amiga Sharol Josephson es directora adjunta de FamilyLife Canada, y a menudo damos conferencias juntas. En sus charlas sobre cómo criar a los hijos, ella cuenta que aprendió rápidamente con sus hijos que si ella quería moldear su comportamiento para que fueran más como Jesús, tenía que ser proactiva. Sharol comenzaba a buscar deliberadamente algo que hubieran hecho que fuera digno de elogio, y luego se los señalaba. "Me di cuenta de que notaste que tu compañero se sentía solo y te acercaste y lo incluiste en la conversación. Estoy orgullosa de ti". O tal vez: "Noté que no reaccionaste con enojo cuando tu hermano te estaba molestando hoy, sino que te fuiste en silencio a tu habitación. Estás aprendiendo muy bien cómo evitar enojarte". Sharol se daba cuenta de las cosas que ellos hacían bien y luego las verbalizaba. Así sus hijos se sentían motivados.

Eso me hizo pensar en el matrimonio. *¿Qué tal si nos acostumbráramos a capturar a nuestros esposos cuando hacen algo bueno?*

Cuando Shaunti Feldhahn investigó por primera vez sobre las diferencias entre los géneros, descubrió que uno de los más grandes deseos del hombre es sentir que "tú viste lo que hice externamente, y piensas que es bueno". Por el contrario, uno de los mayores deseos de la mujer, es saber que "me viste en lo interior, y piensas que es bueno". Nuestras necesidades son diferentes. Otros también han descubierto esta dinámica entre el amor y el respeto, en la cual las mujeres buscan con desesperación sentirse amadas, mientras que los hombres buscan con desesperación sentirse respetados.[3] El problema para Shaunti era que el amor parecía ser mucho más fácil de comunicar. Es tan simple como decir "te amo", o tomar a alguien de la mano. Ella intentó diciéndole a su esposo "te respeto", pero esto no tenía el mismo efecto y ambos estuvieron de acuerdo en que era un poco raro.[4]

Pero unos años más tarde, cuando estaba investigando para su libro *The Surprising Secrets of a Highly Happy Marriages* [Los sorprendentes secretos de los matrimonios altamente felices], descubrió lo que los hombres necesitaban oír, y es algo muy simple. Los hombres necesitan que les digamos 'gracias'". Shaunti escribió: "Que una mujer le diga 'gracias' a su hombre, es equivalente a que él le diga a ella 'te amo'.[5] Solo observe las cosas que él hace y agradézcaselas.[6]

PASO DE ACCIÓN: **¡Empiece a "capturar" todas las veces que su esposo haga cosas buenas! Al menos una vez al día, agradézcale por algo específico que haya hecho.**

Vemos aquello que buscamos. La gente que trabaja en hospitales sabe de algo que suelen llamar el "fenómeno de la luna llena". En las noches de luna llena, las salas de emergencia tienden a llenarse de casos extraños. A mi esposo Keith, que es una especie de físico analítico, esta explicación no lo convence. Cada vez que un paramédico, enfermera u otro personal médico comienza a mencionar lo del "efecto de la luna llena", se lanza en un discurso que ha venido perfeccionando, el cual va más o menos así:

> Digamos que una noche usted está de guardia y en vez de infartos, fracturas o derrames cerebrales, la mayoría de los pacientes necesitan ayuda debido a riñas de bar o por contacto con hiedra venenosa en las regiones bajas. Ese día usted se asoma por la ventana del hospital y no nota nada en particular. Pero una noche, siguen llegando casos de peleas en bares, y cuando usted se asoma por la ventana, ¡ve la luna llena! Usted se asomó para ver si había luna llena y por eso la ve. Las otras veces, cuando usted no la vio, su ausencia pasó desapercibida. Las salas de emergencia pueden ser una locura todas las

noches, pero aun así tendemos a pensar que la luna llena influye de alguna manera, porque eso es lo que estamos buscando.

Cuando buscamos algo, lo encontramos. Ahora pregunto: ¿Estamos buscando lo bueno o lo malo de nuestros esposos? Recientemente publiqué lo siguiente en el Facebook, quejándome de la manera en que las mujeres consideran que sus esposos son inmaduros:

> "Acabo de ver una imagen que dice: 'Su esposo siempre será su hijo mayor, el más grande, y el que más requiere supervisión de parte de un adulto". ¿Por qué es aceptado hablar de los hombres en esos términos tan despectivos?

La mayoría estuvo de acuerdo conmigo, pero unos cuantos dijeron algo como: "No es despectivo, sino más bien algo dicho en son de broma o para fastidiar". O escribieron: "¡Quizás debamos verlo desde el punto de vista divertido! Y otras dijeron: "¡Mi esposo *es* un niño grande!".

Debemos tener cuidado con las cosas con las que bromeamos, porque aunque intentemos divertirnos, una parte de nuestro cerebro nos dice: *Mi esposo es irresponsable. Mi esposo no es serio. Tengo que criar a mi esposo.*

Cuando decimos esas cosas, comenzamos a notar las cosas que él hace que concuerdan con ese estereotipo. Jerry y Maude, mis compañeros de gimnasia acuática, vivieron esto en carne propia. Maude hablaba de Jerry como si fuera un niño, quejándose de cómo tuvo que vivir de huevos hervidos cuando estaba enferma porque él no sabía cocinar, y que durante cincuenta años él nunca había lavado una prenda de ropa. Maude podía haberse sentido superior, pero su matrimonio, ciertamente, pagó el precio.

Cuando queremos fijarnos en lo malo, encontramos lo malo. Pero esto también puede funcionar a nuestro favor. Cuando buscamos enfocarnos en las cosas buenas que hace nuestro esposo, también tendemos a notar más esas cosas buenas. De hecho, las notaremos tanto, que comenzaremos a notar menos cuando ellos hagan cosas que pudieran hacernos enojar.

Así fue como Dios hizo que funcionara nuestra mente. *Aquello en lo que nos concentramos, se expande.* Si nos concentramos en la bondad de Dios y en ser agradecidos por nuestro matrimonio, tenderemos a notar las cosas por las cuales tenemos que estar agradecidas. Cuando nos concentramos en las cosas que nos molestan, tenderemos a sentirnos mucho más molestas.

PASO DE ACCIÓN: No bromee diciendo que los hombres son inferiores. Deje de reírse de los chistes que en líneas generales describan a los hombres de forma negativa.

Puedo escoger no criticar

Ruby, de veintinueve años, tenía cuatro hijos menores de cinco años. La vida era, en dos palabras, súper caótica, y a menudo se sentía frustrada con su esposo, quien no sabía manejar las exigencias constantes del hogar y los niños de la forma en que ella lo hacía. Pero ella decidió dejar de sentirse enojada con tanta frecuencia. Aquí está la historia de Ruby, en sus propias palabras:

> Hace un par de años, me di cuenta de que no podía mirar a mi esposo sin ver todo lo malo que había en él. Me sentía constantemente molesta, irritada y decepcionada.
>
> Debo haber orado para convertirme en una persona más cariñosa, porque un día Dios plantó una idea en mi cabeza. Dejaría de criticar a Dave durante todo un mes. Para evitar abandonar mi decisión, decidí ponerlo por escrito. Todos los días. En Facebook, para que todos mis amigos lo vieran. A ellos les rendiría cuentas, quisieran o no.
>
> Cuando le conté mi plan a Dave, se puso nervioso. Pensé que reaccionaría con desdén o suspicacia, pero sonrió ampliamente.

Allí se rompió otro pedacito de mi corazón. No me había dado cuenta de cuánto lo había lastimado con mi mala actitud y mis comentarios sarcásticos, con mis intentos *pasivos agresivos* de tratar de "arreglarlo" como hombre.

Me di cuenta de que, como ahora no podía decir nada sarcástico sobre él, también dejé de tener pensamientos sarcásticos. Eso fue ocurriendo gradualmente. Comenzaba una perorata mental porque había dejado su lado de la cama sin hacer o el piso sucio, y entonces paraba. Todos los pensamientos desagradables que me llegaban a la mente acerca de él eran inútiles, porque no podía decírselos. Así que dejé de albergarlos.

Como debía decir cosas agradables, tuve que buscar qué decir: las razones por las cuales estaba agradecida, las cosas que él estaba haciendo bien. Y poco a poco, comencé a verlo de forma diferente. Me di cuenta de que todas esas cosas negativas en realidad provenían de mi carga personal, de mi propio egoísmo, de mis propias necesidades y de mi propia desesperación. No eran la verdad completa.

Cuando mis palabras, y muy especialmente mis pensamientos fueron neutralizados, me di cuenta de que tenía un gran esposo. Al final del mes, había creado un nuevo hábito. Y como bono adicional, tuve una conversación grandiosa con mis amigos en Facebook, en la cual creo que todos aprendimos algo.

Después de haber silenciado mis propias necesidades y dejar de pensar en mí, en mí, ¡en MÍ! todo el tiempo, me di cuenta de que tenía algunos problemas que debía solucionar. Yo no conocía los límites y la palabra "no". No tenía idea de que una "buena esposa cristiana" le podía pedir a su esposo, sin estar furiosa, que por favor lavara su plato, en vez de sentirse como su sirvienta durante meses, para luego explotar como un volcán de emociones y frustración.

Tenía mucho que aprender, pero ese mes libre de críticas fue un gran primer paso para mi.[7]

Cuando Ruby se concentró en ser agradecida y silenció las críticas, toda su perspectiva cambió. Es interesante notar que su esposo no se convirtió en el hombre perfecto. Ella solo había desarrollado una visión más saludable sobre él, al igual que una manera más saludable de lidiar con los conflictos.

PASO DE ACCIÓN: Durante una semana, no critique a su esposo, o lo que él haga.

Crea lo mejor

Usted puede tratar de identificar sus detonantes, escoger ser agradecida y fijarse en las cosas buenas que haga su esposo, pero en todos los matrimonios, inevitablemente, él hará algo que la decepcionará o frustrará. ¿Qué hacer entonces?

Mi amiga Mollie y su esposo Craig, dormían desnudos los primeros años de su matrimonio, hasta que llegaron los niños y la incomodidad hizo acto de presencia. Ahora, cada vez que Mollie se va a la cama solo con el traje de Eva, le está enviando una señal fuerte de que algo puede pasar.

Después de una semana agotadora en la que le tocó lidiar con las crisis de su hija mayor en sus primeros días en la universidad, y la preparación de su padre para la quimioterapia, Mollie decidió enviar esa señal, que para ella era inconfundible. Aunque tanto ella como Craig estaban exhaustos, pensó que podían dormir toda la noche, y que luego "algo" podía pasar en la mañana. Así que se arropó, abrazó a su esposo y se quedó dormida con una sonrisa.

En la mañana, cuando se levantó con el alba, notó que Craig estaba saliendo de la habitación. En ropa de cacería. Con un rifle. La caza de patos había sido más importante que ella y su traje de Eva.

«Al principio me sentí realmente enojada —me dijo Mollie—. ¿Ya no me encontraba atractiva? ¿No quería pasar tiempo conmigo después de todo lo que nos había ocurrido esa semana? Pero luego me di cuenta de que estaba siendo una tonta. Por supuesto que a Craig no le importaba más la caza de patos que el sexo. Solo se estaba desestresando a su manera. Ambos nos desestresaríamos a nuestra manera esa noche y, mientras tanto, ¡yo dormiría hasta tarde!». Cambiar sus pensamientos la ayudó a concentrarse de forma más racional en la verdad y la ayudó a recuperar el control de las emociones que amenazaban con abrir una brecha en su relación.

Cuando nuestros esposos hacen algo que pueda ser interpretado de forma negativa, tenemos dos opciones: podemos aceptar la interpretación que valida nuestro enojo, o podemos escoger ser generosas y creer lo mejor.

Shaunti Feldhahn descubrió que "creer lo mejor" es una de las mejores premisas para tener un matrimonio feliz. De acuerdo con el estudio de Shaunti, en las parejas altamente felices, el 99 por ciento de los encuestados dijo que le importaba su cónyuge y que desea lo mejor para él o ella, incluso en los momentos difíciles.[8]

¿Qué debemos aprender de esto? Su esposo no está en contra suya. Su esposo no está tratando de insultarla, de hacerla infeliz o de lastimarla. Cuando escuchamos algo que nos hiera, lo mejor es retroceder y recordarnos a nosotras mismas: *Mi esposo quiere lo mejor para mí.*

Pero el hecho de que le importemos a nuestros esposos no es lo que realmente marca la diferencia. Es el que nosotras lo creamos así. En los matrimonios conflictivos, el 80 por ciento de las personas aún desea lo mejor para sus compañeros, incluso en momentos difíciles. Pero el problema es que solo el 59 por ciento de las partes en matrimonios conflictivos lo cree así.[9] Es ese malentendido, el no creer que nuestros cónyuges quieren lo mejor para nosotros, lo que muchas veces empeora las cosas.

PASO DE ACCIÓN: La próxima vez que comience a sentirse enojada, pregúntese: *¿Cuál es la interpretación más positiva de lo que mi esposo hizo o dijo?*

Deje pasar esas tonterías

Es fácil dejar que las pequeñeces nos molesten e iniciar el ciclo en el cual cada uno explota contra el otro, haciendo que todos terminen infelices. Pero jamás permitamos que cosas tontas ejerzan tanto poder.

Kia, de 40 años, ha estado casada durante ocho años con su esposo, que pertenece al ejército y ha estado en misión dos veces desde que se casaron. Su historia me ayuda a mantener la perspectiva cuando estoy enojada con mi esposo. Ella me dijo:

> A mí las cosas pequeñas solían enloquecerme: las botas en la sala, la jarra de leche vacía en la nevera, el baño inundado después de una ducha. ¡Agghh! Pero cuando él se va, anhelo quejarme por el agua en el piso. Anhelo tropezarme con sus botas sobre la alfombra, o que se levante de madrugada y deje migajas regadas por todos lados. Siempre susurro "gracias" cuando me mojo las medias en el baño después de que él ha tomado una ducha. Porque sé que él está en casa. Y sé que hay muchas esposas que no pueden decir lo mismo.

A Shaunti Feldhahn le encanta correr la voz: "Es así de simple: si queremos tener matrimonios felices, debemos escoger dominar nuestros pensamientos".[10] Si se trata de una pequeñez, tómelo como una pequeñez. *No es necesario enojarse.* Es mucho mejor y liberador escoger sentir gratitud y amor por su esposo.

RESUMEN DE LOS PASOS DE ACCIÓN

1. Identifique sus detonantes más comunes. Lleve un registro de ellos y luego formule una estrategia para minimizarlos.

2. Fíjese en las cosas buenas que haga su esposo, y agradézcale por eso.

3. Deje de reírse y deje de compartir chistes que sean despectivos sobre los hombres.

4. Durante una semana, no diga nada crítico sobre su esposo.

5. La próxima vez que empiece a sentirse enojada, pregúntese: *¿Cuál es la interpretación más positiva de lo que mi esposo hizo o dijo?*

Pensamiento #3

Mi esposo no fue puesto en la tierra para hacerme feliz

Un día, siendo adolescente, mientras lloraba sobre mi almohada por mi más reciente desengaño amoroso, me prometí mí misma: "Algún día, Sheila, alguien te amará de forma perfecta".

Después de que mi padre y mi padrastro me abandonaran durante mi infancia, y de que una serie de chicos en la preparatoria y en la universidad decidieran que yo no valía la pena para comprometerse, estaba segura de que merecía el verdadero amor. Ya había sufrido suficiente. ¡Tenía que llegar mi momento! Y, si Dios bendice el matrimonio, tenía la certeza de que Él también quería que yo experimentara ese amor infinito junto a un esposo maravilloso.

Ahora tengo a un hombre que me ama y me valora, pero ese amor en una oportunidad estuvo contaminado porque él rompió nuestro compromiso inicial. Anteriormente conté que cuando el rechazo o las críticas asoman sus feos rostros hacia otros aspectos de mi vida, la tristeza que me produjeron antiguos rechazos me abruma de nuevo. Pero no es solamente el rechazo lo que me afecta; sino también el hecho de que el rechazo desata en mí un sentimiento de que jamás en la vida tendré un hombre que me ame para siempre de forma perfecta. Cuando estos dos estados de ánimo me agobian, comienzo a enumerar las fallas de cada hombre que ha habido en mi vida, incluso las de mi esposo, que ahora me trata como a una princesa. Independientemente de lo que haga, él nunca podrá reivindicarse por la decepción que me causó hace dos décadas. Nunca me dio ese amor de cuento de hadas que cada chica se merece.

¿Se da cuenta de como ese tipo de actitudes le pueden hacer daño a un matrimonio?

Yo no he tenido muchos ataques de "pobre, pobre de mí" durante mi matrimonio y espero haberlos eliminado para siempre, porque cuando estos sentimientos aparecen, son totalmente contraproducentes. Cuanto más me obsesiono con la idea de que merecía tener mi cuento de hadas perfecto, más cuenta me doy de que no lo tengo. Y me hago la vida desdichada, aunque actualmente esté con un hombre maravilloso y atento. Por eso es que la felicidad es como un búmeran: si apuntamos a la felicidad, esperando tener un cuento de hadas, esas expectativas se devolverán y nos golpearán.

¿Es realmente la felicidad el objetivo?

Constantemente tenemos frente a nosotros el cuento de hadas de "y fueron felices para siempre" gracias a las películas de Disney, las canciones de moda y las telenovelas. Luego crecemos y tenemos bebés que no quieren dormir; esposos que parecen querer solo una cosa; y profesiones que son imposibles de compaginar con niños enfermos, horarios de guarderías y lecciones de gimnasia. ¿Dónde está toda la felicidad que nos prometieron?

Nuestra creencia popular religiosa tiene que ver precisamente con esto, y dice algo así:

CREENCIA POPULAR: Dios quiere bendecir a sus hijos. Si no está recibiendo esas bendiciones, es porque no está orando lo suficiente o acercándose lo suficiente a Dios. ¡Vaya y reciba su bendición!

A veces me pregunto qué pensarán los cristianos de China o los cristianos del Medio Oriente sobre los cristianos del mundo Occidental. Ellos están claros en que la búsqueda de la felicidad y la comodidad no es la preocupación principal de Dios, y nunca lo ha sido. Cada uno de los apóstoles enfrentó un final horrible, a excepción de Juan, que sin embargo murió en el exilio. Dios está interesado en atraer al mundo hacia Él, no en darnos una vida cómoda aquí para que no lo necesitemos a Él. Hemos tomado el mensaje de "usted merece la felicidad" que nos bombardea la sociedad y le hemos dado un giro cristiano. Suena hermoso, pero lo cierto es que nos lleva a desencantarnos de nuestros matrimonios y de Dios.

Tal vez hemos estado apuntando al objetivo equivocado. Después de todo, no se me ocurre una peor vía hacia la felicidad marital que estar preguntándonos siempre si lo hemos alcanzado. Si constantemente me pregunto: "¿Soy feliz?", siempre encontraré razones por las que no lo soy: *Mi esposo trabaja muchas horas. No se hace cargo de los niños el tiem-po suficiente para que yo tenga tiempo libre. No sabe para qué sirve un trapeador.*

PENSAMIENTO #3
Mi esposo no fue puesto en la tierra para hacerme feliz.

Si usted constantemente se está diciendo: "Voy a ser feliz cuando... (llene el espacio en blanco con lo que quiera)", lo más seguro es que nunca llegará a ser feliz en su matrimonio. Si su esposo de repente hace algo que usted deseaba que hiciera, entonces simplemente deseará que haga algo más. Esta es la naturaleza de la búsqueda de la felicidad. Está enraizada en las circunstancias y la convierte a usted en un recipiente pasivo de las cosas que le pasan. Es por ello que buscar la felicidad tiende a ser contraproducente, especialmente en el matrimonio.

Dios no hizo un alma gemela para mí

Por lo general, suponemos que la felicidad es la meta de Dios para el matrimonio porque escuchamos cosas como estas:

CREENCIA POPULAR: Dios tiene una voluntad perfecta para nuestra vida, y eso incluye un alma gemela que nos complemente.

La idea del alma gemela se ha enraizado en la cultura popular. L. J. Smith, autora de *Diario de vampiros*, describe al alma gemela así: "Usted no ama a esa chica por su belleza. La ama porque ella canta una canción que solo usted puede entender".[1] La escritora romántica Rainbow Rowell la describe así en su éxito de ventas *Eleanor & Park*: "Él se preguntó dos cosas: La primera fue cuán pequeñas eran las posibilidades de conocer a una persona así, alguien a quien pudieras amar por siempre, alguien que por siempre pudiera amarte a ti. Y la segunda, qué sucedía si ese alguien nacía en la otra mitad del mundo. Las probabilidades eran prácticamente imposibles".[2]

La promesa del alma gemela es que cada uno de nosotros tiene solo una persona que puede complementarnos, la cual anda por ahí, esperando que el destino intervenga y nos acerque. Los cristianos le hemos agregado nuestra propia sazón a eso del alma gemela: Dios tiene un plan perfecto para nuestra vida, y eso incluye a la persona perfecta para que nos casemos, una persona que sea igual a nosotras en todos los aspectos.

Suena romántico pero, ¿es verdad?

Mi abuelo tuvo una gran suerte en el amor, pero una suerte terrible con el cáncer. El amó a tres mujeres incondicional y apasionadamente durante su vida: mi abuela, con quien estuvo casado durante veinticinco años, antes de que ella muriera de un tumor cerebral; la mujer a quien yo llamaba "Nana", que murió diecisiete años después de casarse; y Dorothy, la mujer que brilló de orgullo en mi boda y que lo dejó viudo por última vez. Cada mujer fue completamente única, y aún así las amó a todas. En sus últimos años de vida, tenía fotos de las tres en la sala de su casa: los tres amores de su vida. ¿Fue una sola su alma gemela? Si fue así, ¿cuál de ellas fue?

Decirles a los demás que solo hay una persona perfecta para ellos, alguien que Dios ha escogido y ha hecho especialmente para ellos, implica que también hay una promesa de que esa persona los hará felices todo el tiempo y en todos los aspectos. Ambos combinarán a la perfección, así que deberían alcanzar juntos una dicha perfecta.

Cuando compramos esa idea, y entonces la promesa del cuento de hadas no se cumple, comenzamos a culpar a nuestro esposo. Después de todo, quizás él no era nuestra alma gemela.

En *The Sacred Search [La búsqueda sagrada]*, Gary Thomas expone de forma convincente que el matrimonio no se trata de casarse con la persona correcta, sino de convertirse en la persona correcta. Nos exhorta: "Hombres y mujeres, encuentren una pareja con quien puedan buscar primero el Reino de Dios, alguien que los inspire hacia la rectitud y, cuando lo hagan, 'todas esas cosas les serán añadidas'"[3].

Por supuesto que usted puede ser feliz en el matrimonio, pero esa felicidad "nos es añadida", no cuando pensamos que la merecemos o cuando esperamos que alguien nos la produzca, sino cuando nos comprometemos a buscar a Dios y a seguirlo.[4] Cuando dos personas se aman con abnegación, encontrarán la felicidad. Si apuntan hacia la felicidad en vez de apuntar hacia el amor, finalmente fracasarán en alcanzarla.

Ser "fiel con uno mismo" no produce felicidad

Hace unos años, Al y Tipper Gore se separaron, y recuerdo con consternación cuántos periódicos decidieron darle un giro "feliz" al asunto. Deirdre Blair, que escribía en el *New York Times*, nos instaba a "no ponernos tristes" por el final de una unión de cuarenta años. En lugar de ello, deberíamos "alegrarnos" de que ellos hubieran decidido dar el salto y ¡encontrarse a sí mismos![5]

La realización personal es el nuevo dios. Pero vivir por nuestros propios sentimientos nos convierte en mentirosos. Si nuestro propósito es asegurarnos de que siempre les seremos fieles a nuestros sentimientos, entonces no le seremos fieles a nadie más. El día de su matrimonio, Al y Tipper prometieron amarse el uno al otro "hasta que la muerte los separara", renunciando a todos los demás. Por lo menos uno de ellos rompió esa promesa.

Los sentimientos no son la mejor guía para saber lo que es correcto o incorrecto. El mundo está lleno de cicatrices por culpa de gente que hace lo que la hace sentir bien. Dios dijo en Jeremías 17:9: "Nada hay tan engañoso como el corazón. No tiene remedio. ¿Quién puede comprenderlo?".

A través de la Biblia, Dios nos dice cuál debe ser nuestro objetivo y, curiosamente, no menciona ni los sentimientos ni la felicidad. Dos de mis pasajes favoritos sobre los propósitos de Dios para nosotros se encuentran en Romanos 8:29 y Miqueas 6:8.

En Romanos 8:29, después de decirnos que Dios dispone todas las cosas para el bien de quienes lo aman, Pablo nos dice: "Porque a los que Dios conoció de antemano, también los predestinó a ser transformados según la imagen de su Hijo, para que Él sea el primogénito entre muchos hermanos".

Me encanta el hermoso mensaje plasmado en este versículo. En definitiva, el propósito principal de Dios para nosotros es que seamos "transformados según la imagen de su Hijo". ¡Él quiere que seamos cada vez más como Jesús! Ese es el propósito de nuestras vidas, parecernos a Cristo.

En el Antiguo Testamento hay otro versículo que siempre me ha encantado, que habla de nuestro propósito. Miqueas 6:8 dice: "¡Ya se te ha declarado lo que es bueno! Ya se te ha dicho lo que de ti espera el Señor: Practicar la justicia, amar la misericordia, y humillarte ante tu Dios".

Debemos hacer lo que es correcto (enfocarnos en la justicia); debemos amar la misericordia (enfocarnos en la gracia); y debemos mantener una relación con Dios.

Este es el propósito de nuestra vida, pero también debe ser el propósito de nuestro matrimonio. Nuestro matrimonio no se trata de buscar la felicidad; nuestro matrimonio se trata de que ambos seamos cada día más como Jesús, haciendo lo que es correcto. Demostraremos misericordia perdonándonos como Cristo nos perdonó. Derramaremos bendiciones el uno sobre el otro. Pero también defenderemos la justicia, creyendo que ser como Jesús significa defender la verdad. Cuando hagamos esto, es muy probable que encontremos también la felicidad.

La ruta hacia la felicidad pasa por el gozo

"Felicidad", sin embargo, es una palabra curiosa, especialmente en los círculos cristianos. Tiene mala reputación, ya que a menudo se le asocia con las circunstancias en vez de con la fe. Reconocidos escritores cristianos, como C. S. Lewis, hicieron grandes esfuerzos para diferenciar el gozo de la felicidad. El gozo, decía Lewis, es como experimentar un instante de cielo, como una vislumbre en la que las nubes retroceden y se abren durante medio segundo y nuestro corazón se expande para sentir a Dios. Es momentáneo y es grandioso. La felicidad, por otro lado, es pequeña y está asociada con las circunstancias aquí en la tierra.[6]

Otros escritores han subrayado la diferencia entre felicidad y satisfacción. El apóstol Pablo, por ejemplo, no escribió mucho sobre la felicidad, pero sí sobre la satisfacción:

> "No digo esto porque esté necesitado, pues he aprendido a estar satisfecho en cualquier situación en que me encuentre. Sé lo que es vivir en la pobreza, y lo que es vivir en la abundancia. He aprendido a vivir en todas y cada una de las circunstancias, tanto a quedar saciado como a pasar hambre, a tener de sobra como a sufrir escasez. Todo lo puedo en Cristo que me fortalece" (Fil. 4:11–13).

Quizás estoy siendo muy sensible en cuanto a las palabras, pero creo que son importantes. Permítame sugerirle esto: el gozo es una emoción que mira hacia arriba; la satisfacción es una emoción que mira hacia adentro; y la felicidad es una emoción que mira hacia afuera. El gozo dice: "¡Cuán grande es nuestro Dios!". La satisfacción dice: "Es bueno para mi alma". Y la felicidad dice: "¡Que esposo tan maravilloso tengo!".

La felicidad es importante. Todas queremos disfrutar de nuestro matrimonio. Pero la habilidad de disfrutar el matrimonio depende primera y principalmente de nuestra perspectiva. ¿Y qué determina eso? Nuestra actitud hacia Dios (mirar hacia arriba) y la actitud de nuestro corazón (mirar hacia adentro). Cuando sentimos gozo y satisfacción, la felicidad en el matrimonio se vuelve algo mucho más alcanzable.

Pienso que esto es lo que David prometió en el Salmo 37:4, cuando escribió: "Deléitate en el Señor, y él te concederá los deseos de tu corazón". Una interpretación rápida de este pasaje pareciera suponer que si nos deleitamos en Dios, tendremos todo lo que queremos. Pero no creo que eso era lo que David quería decir. Creo que lo que quería decir era que cuando nos deleitamos en Dios, Él *nos da nuestros deseos*. Cambia nuestro corazón para que deseemos las cosas correctas. Nuestra habilidad para ser felices en nuestros matrimonios, entonces depende de primeramente de nuestra habilidad de deleitarnos en Dios mismo. Se parece a lo que dice la placa que mi peluquera tiene colgada en su tienda: "Felicidad es tener lo que usted quiere y querer lo que usted tiene". Cuando buscamos primero a Dios, nos damos cuenta de que realmente queremos lo que Él nos ha dado.

PASO DE ACCIÓN: ¿Como está su medidor de gozo? Repita un salmo y entone una canción de alabanza al principio del día. Dé gracias a Dios antes de levantarse de la cama. ¡Cántele alabanzas a Dios en la ducha!

Si me siento infeliz, él creerá que tiene que solucionarlo

En el Pensamiento #1 mencioné que a veces a nosotras se nos hace más fácil que a nuestros esposos hacer que el matrimonio sea menos estresante debido a que, a diferencia de nosotras, los hombres viven su vida en cajas, dividida en compartimientos. Pero que una caja sea "buena" o no, depende en gran medida de cómo esa caja haga sentir a nuestro esposo. Dado que uno de los más grandes factores que motiva a un hombre es sentirse capaz, disfrutará de los aspectos de su vida que tenga bajo control, y probablemente evitará las cajas que lo hagan sentir que falla.

Eso explica por qué su esposo, si se parece a la mayoría de los hombres, probablemente quiere solucionarle las cosas: quiere sentir que es capaz y que tiene el control. Si usted se siente infeliz, él sentirá que su trabajo es solucionarlo, aunque la razón por la que usted está infeliz no tenga nada que ver con él. Si no puede solucionarlo, entonces él sentirá que ha fallado y se retraerá.

Hace unos años, me sentía agobiada por la gran cantidad de exigencias que tenía en mi vida: educar a los niños en la casa, escribir, dar conferencias, etcétera. Una noche, decidí contarle a Keith cada una de estas preocupaciones, incluso mi frustración porque no podía hacer que nuestra hija Katie practicara el piano, y el hecho de que ella y su hermana estaban peleando más de lo habitual (aunque estos eran temas menores, comparados con todo lo demás que estaba en mi lista). El trabajo de Keith era flexible, así que se ofreció a darles clases a las niñas en la casa al día siguiente.

Keith comenzó el día con las niñas con una rutina militar, leyéndoles un acta antidisturbios. Ellas le estaban causando estrés a su madre y debían solucionarlo.

Al escuchar todo este conflicto desde mi oficina, me apresuré a interceder por las niñas. Si él quería ayudar, le dije, no debía gritarles a las niñas, porque las niñas no eran mi problema principal. Pero en su mente lo que había era: *Si mi esposa tiene un problema, tengo que solucionarlo.* Y dado que las únicas cosas de mi larga lista de quejas en las que él podía tomar medidas eran la falta de entusiasmo de las niñas para practicar piano y su exceso de entusiasmo para pelear, decidió que se concentraría en eso.

Estaba furiosa con Keith por ser tan duro con las niñas, y él estaba molesto conmigo por enojarme con él cuando solo trataba de ayudar y las niñas simplemente estaban atónitas.

Cuando finalmente estuvimos listos para hablar, nos dimos cuenta de que habíamos reaccionado exageradamente. Él en verdad estaba tratando de ayudar. Y también necesitaba saber que algunas veces yo simplemente necesito desahogarme. No necesitaba que él solucionara nada; solo quería que me escuchara. Yo también tenía algo que aprender: cuando no estoy feliz, Keith automáticamente siente la necesidad de solucionarlo. Mi infelicidad tiene un efecto dominó en nuestra relación.

PASO DE ACCIÓN: La próxima vez que usted comparta sus preocupaciones con su esposo, sea clara sobre lo que espera de él. Antes de comenzar a explicar la situación, dígale una de estas tres cosas: quiero que me escuches; quiero que vayas corriendo a solucionarlo; o quiero que aportemos ideas, juntos, para que me ayudes a solucionarlo.

Mi infelicidad le hace daño a mi esposo

Un año antes de escribir este libro viví una situación similar. Tuve uno de los peores años desde que mi hijo murió hace dieciocho años, y todo por las hormonas. Apenas tengo un poco más de cuarenta años, y pensaba faltarían al menos un par de décadas antes de empezar a sentirme vieja. Pero ese año muchas cosas me afectaron a la vez.

Primero, mi ciclo menstrual se salió de control. Mi organismo siempre ha sido de treinta días, puntual como un reloj. Cuando se redujo a veintiocho días, estaba decepcionada, pero sabía que no era motivo para quejarme. Veintiún días, por otra parte, ya era absolutamente ridículo. Y tener que dormir sobre una toalla por si acaso llegaban las Cataratas del Niágara era realmente frustrante.

Pero eso no era todo. Mi cuerpo empezó a producir menos glóbulos rojos y, bueno, qué importaba si de todas formas ya los estaba perdiendo rápidamente. Poco a poco perdía energía, hasta un día se desequilibró la balanza y me levanté tan cansada que sentía como si estuviera otra vez en mi primer trimestre de embarazo. Seguí adelante, pero después de regresar de otro viaje de trabajo, comencé a llorar descontroladamente porque me sentía agobiada.

Esto hizo que mi esposo se apresurara a enviarme al laboratorio con una orden de exámenes de sangre que había estado pegada al refrigerador durante seis meses. ¡Oh, sorpresa! Tenía una anemia severa. No me estaba volviendo loca, simplemente estaba agotada.

Tomé suplementos de hierro durante unos meses, satisfecha porque pronto todo eso habría terminado. Cuando fui a realizarme otro examen, *¡sorpresa!*, estaba incluso más anémica que antes.

Durante los meses siguientes me hice más pruebas, me acostumbré a estar con un catéter, un medicamento me causó una alergia que parecía que me había picado una manada de chinches, y tuve un ataque de venas varicosas que me dejaron inmovilizada durante dos semanas. Finalmente, mi doctor programó una operación para ayudarme a aliviar algunos de mis padecimientos y para que el proceso de recuperación de este largo camino de cansancio, malhumor y ridiculez hormonal pudiera comenzar.

Sé que mis problemas de salud palidecen en comparación con otros que han enfrentado algunas mujeres. Cuando mi madre tenía mi edad, tuvo que ser operada de cáncer de seno. Tengo mucho por lo que estar agradecida. Aun así, sé que ese año consumió una gran parte de mi salud, mi energía y mi estado de ánimo.

Y por consiguiente, también consumió una gran parte de mi esposo. Él no podía solucionar nada y, sin embargo, siempre estaba buscando qué era lo que debía hacer diferente. Se puso paranoico conmigo, temía decir algo incorrecto que pudiera hacerme incomodar, y eso me molestaba porque se había vuelto muy distante. Dejó de compartir sus problemas conmigo para no alimentar mis preocupaciones, y el distanciamiento aumentó. Debimos habernos aferrado el uno al otro, y soportar cada uno la carga del otro, pero en vez de eso sufrimos una ruptura en nuestra relación, porque yo permití que mi ánimo dictaminara cómo le iba a responder. Ahí fue que aprendí esta importante lección: *Mi satisfacción es un enorme regalo que le doy a mi esposo.*

Asumir la responsabilidad por mi satisfacción ayuda a mi matrimonio

Nosotros somos responsables de nuestra propia satisfacción. Eso es algo que mi amiga Julie tuvo que aprender por las malas.

"Nuestro matrimonio nunca fue muy bueno —me dijo—, y empeoró sustancialmente cuando tuvimos hijos". Su primer hijo sufrió mucho de cólicos. Su segundo bebé nació prematuramente y estuvo conectado a un monitor cardíaco durante seis meses. Ella no sabía lo difícil que podía ser la maternidad, y todo la tomó por sorpresa.

"Estaba totalmente desubicada, y seguía esperando que mi esposo solucionara todo", decía Julie. Pero su esposo también estaba desubicado. A pesar de que en su trabajo tenía todo bajo control, no sabía cómo intervenir y controlar las cosas en su casa. Julie me decía:

> "Sentía que él no me estaba ayudando, pero es que él tampoco sabía más que yo lo que había que hacer. Estaba tratando de convertirlo en mi salvador, pero él no era mi salvador, sino mi pareja. Por otra parte, él también se sentía abrumado, aunque de una manera diferente. Su esposa se había vuelto un desastre total. '¿Dónde está la hermosa esposa con la que me casé?', decía. Y yo lo culpaba de haberla hecho desaparecer. Cuando yo estaba hecha un desastre, mi esposo trataba de solucionar las cosas. Cuando no podía solucionarlas, se alejaba. Y eso lo hacía sentir terrible. Él no sabía cómo reaccionar ante mí".

Cuanto más se alejaba el esposo de Julie, más comenzaba ella a notar todas las formas en las que él no satisfacía sus necesidades. Agréguele a eso sus propias inseguridades como madre, y su desastre personal empeoraba más y más.

Un día, cuando sus hijos aún estaban en preescolar, Julie se miró al espejo y sintió como si ya no se reconociera a sí misma. Ella solía ser una mujer segura, con empuje y sueños, que podía conquistar al mundo; ahora era una persona caótica, que siempre estaba de mal humor.

"Finalmente caí en cuenta de que no podía forzar la relación que yo anhelaba tener. Me quería *a mí* de vuelta. Sinceramente, pienso que incluso mis oraciones cambiaron: pasé de 'Señor, solo arréglalo todo y a *todos* a mi alrededor' a 'Señor, solo ayúdame a ser mejor'".

Julie pudo salir gradualmente de ese ciclo cuando tomó control de sus sentimientos. Y esto comenzó cuando se volvió hacia Dios. Se concentró en la parte del "gozo" en la ecuación de la felicidad, la cual siempre viene primero. No era cosa de tener una hora de oración al día; ella estaba realmente ocupada y eso no era viable. Pero sí incorporó a Dios intencionalmente en otros aspectos de su vida en lugar de revolcarse en sus problemas o correr a llamar a una amiga para preguntarle qué hacerle frente a lo que fuera que le produjera ansiedad. Esas pequeñas oraciones diseminadas a lo largo de su agitado día, le dieron una perspectiva diferente. Y esa intimidad espiritual con Dios recientemente encontrada le produjo la clase de gozo que gradualmente la fue sacando de su confusión, mostrándole que ella no estaba sola y no tenía por qué hacerse responsable por el bienestar de sus hijos y su futuro. Dios también se estaba encargando de eso.

PASO DE ACCIÓN: Cree "recordatorios de oración" en su rutina diaria, y encuentre momentos para elevar una oración de agradecimiento o que la ayude a enfrentar el día. Sugerencias: ore cada vez que escuche una sirena, cuando se detenga en el semáforo, o cuando lave los platos.

Una vez que Julie involucró más a Dios en su vida diaria, la satisfacción llegó más fácilmente. Ahora, su día no se concentra en ser la perfecta esposa y mamá cristiana; sino en exteriorizar la personalidad y los dones que Dios le ha dado. Se ha vuelto más organizada, lo cual la ayuda en gran medida, pero también ha aceptado la imperfección.

"Ya no me siento culpable por decir: 'No tengo la cena hecha. ¿Qué vamos a ordenar para comer?' —dice Julie—. No preparar la cena todas las noches no me convierte en una mala esposa, o una mala madre".

PASO DE ACCIÓN: Trate de conocerse mejor, y así podrá saber para qué propósito la creó Dios. Tome la prueba indicadora del tipo de personalidad de Myers-Briggs, o la prueba de personalidad DISC. Haga una lista con sus fortalezas y después otra con sus debilidades. Pídale ayuda a un amigo, si es necesario. Seguidamente, observe sus debilidades y decrete: "Voy a librarme del yugo de estas cosas. No me sentiré culpable porque estas no sean mis fortalezas. Tampoco voy a sentirme culpable por no ser alguien más". Mire sus fortalezas y pregúntese: "¿Cómo puedo trabajar en mis fortalezas cada día?".

Ella también se dio cuenta de que era más que solo una esposa y una madre; así que intencionalmente introdujo cosas en su vida que le produjeron gozo. Se trazó la meta de recorrer toda su ciudad en bicicleta y comenzó a pasear en bicicleta de una a doce millas al día, cada vez que podía conseguir una niñera. Se sentó y decidió finalmente escribir su novela. Solo estas dos cosas la ayudaron a sentirse más satisfecha, porque estaba atendiendo su necesidad de expresar su creatividad y también tenía un desahogo físico.

Julie descubrió otras cosas al ser honesta consigo misma: necesitaba ayuda, y no solo de su esposo. Después de hablar con su doctor, se dio cuenta de que sufría de trastorno afectivo estacional que le disparaba la depresión durante los largos días de invierno, sin luz solar y sin calor. "Si tengo que tomarme esta minúscula pastilla blanca, y con eso sentirme mejor, y no estar aferrándome a mi esposo, ¿por qué no hacerlo?".

PASO DE ACCIÓN: Visite a su doctor si sospecha que está sufriendo de depresión, desequilibrios hormonales u otras enfermedades como anemia o hipotiroidismo, que puedan estar afectando su estado de ánimo y su salud.

Una vez que Julie descubrió su gozo y su satisfacción, la felicidad la encontró. Julie comenzó a ver que si podía tomar el control de sus emociones, dejando de esperar que su esposo solucionara las cosas y haciendo pequeños cambios donde pudiera, no solo se estaba ayudando a sí misma; también le estaba dando un gran regalo a su esposo. Él ya no se sentía incompetente. Era capaz de disfrutar del matrimonio una vez más.

La infelicidad de uno de los cónyuges en el matrimonio ocasiona muchas veces que ambos comiencen a cuestionarse si la relación vale la pena. Julie dice: "¿Cómo esperaba tener un *matrimonio* saludable y feliz, si uno de nosotros no era una *persona* saludable y feliz?"

Colocar la felicidad en el lugar apropiado

La felicidad no es algo que obtenemos de nuestro esposo, sino algo que conseguimos cuando nos concentramos, primero en el gozo—enamorándonos de Dios—y segundo, en la satisfacción —encontrando paz en medio de nuestra situación. Esto fue lo que Shaunti Feldhahn descubrió en su búsqueda de parejas felices. En *The Surprising Secrets of Highly Happy Marriages [Los sorprendentes secretos de los matrimonios altamente felices]*, escribió: "Las parejas altamente felices tienden a poner a Dios en el centro de su matrimonio y a enfocarse en Él, en lugar de enfocarse en su matrimonio o su cónyuge para encontrar plenitud y felicidad".[7]

Yo desperdicié los primeros años de mi matrimonio esperando que Keith me hiciera feliz, lo cual explica en gran medida por qué éramos tan infelices. Una vez que nos organizamos y comenzamos a pensar en forma diferente, alcanzamos un "punto ideal". Yo sabía que Keith me amaba, y él sabía que yo lo amaba, y éramos capaces de reír e interactuar juntos, sin todo ese conflicto. Recuerdo una noche de abril de 1996, en la que simplemente estábamos celebrando lo felices que éramos. Teníamos una hermosa hija de un año, que finalmente dormía toda la noche, y recién habíamos regresado de un ultrasonido donde habíamos visto que nuestro segundo hijo era varón.

Pero nuestra felicidad no duró mucho. Al día siguiente sonó el teléfono y el doctor me dijo que algo andaba mal con el corazón del bebé.

Durante los meses siguientes, Keith y yo nos aferramos el uno al otro, casi con desesperación, después de que entendimos lo enfermo que nuestro bebé estaría una vez que hubiera nacido. Y se demostró que nuestros temores eran justificados. Tuvimos veintinueve maravillosos días con nuestro hijo Christopher en este planeta, antes de que muriera luego de una cirugía de corazón.

Cuando fuimos a buscar el reporte de seguimiento, uno de los médicos nos dijo: "Debo advertirles que la mitad de las parejas que enfrentan la pérdida de un hijo se divorcian durante el primer año". Para ser honesta, dudo enormemente de la veracidad de esa estadística, pero no hay dudas de que pasar por circunstancias terribles añade tensión al matrimonio. Uno está afligido, furioso y tan encerrado en sus sentimientos, que es muy difícil poder ser cariñoso con alguien.

Si yo hubiera esperado que Keith me hiciera sentir mejor, nuestro matrimonio habría fracasado. Pero yo sabía que no había nada que Keith pudiera hacer. Mi única oportunidad de superar la muerte de mi hijo con el corazón intacto, no era depender de mi esposo, sino depender de Dios. Así que cuando necesitaba gritar, le gritaba a Dios. Cuando necesitaba enfurecerme, me enfurecía con Dios. Gradualmente, mis defensas se rindieron y pude absorber su paz perfecta, una que mi esposo jamás podría haberme dado.

Nuestra vía hacia la felicidad no pasa por nuestros esposos, pasa por encontrar paz en Dios, nuestro Creador y Salvador. Así concluye Shaunti Feldhahn: "Confiar en Dios en lugar de confiar en alguien más para satisfacer nuestras necesidades puede ser la decisión generadora de seguridad más duradera que podamos tomar".[8] Espero que usted también pueda hacerlo.

RESUMEN DE LOS PASOS DE ACCIÓN

1. Recite un salmo o entone un canto de alabanza al comenzar el día. ¡Cante en la ducha! Comience su día dando gracias a Dios.

2. Cuando comparta una frustración con su esposo, sea clara sobre lo que quiere sacar de esa conversación: ¿Debe él escucharla, solucionarle el problema, o ayudarla a solucionarlo?

3. Cree recordatorios de oración en su rutina diaria que la puedan impulsar a hablar con Dios a lo largo de su día.

4. Tome una prueba de personalidad y haga un inventario de sus fortalezas para entender quién es usted. Libérese del yugo de sus debilidades. Trabaje más en sus fortalezas.

5. Visite a su doctor si sospecha que su estado de ánimo puede tener una causa física subyacente.

Pensamiento #4

No puedo moldear a mi esposo a mi imagen

En mi casa, yo soy la que daña los automóviles. Keith daña la ropa, pero eso no resulta tan costoso. Hace poco, Keith conducía nuestra camioneta en retroceso y la chocó contra un árbol, haciendo que se reventara el parabrisas, pero como esta ha sido su única infracción durante el tiempo que tenemos juntos, la consideramos una excepción más que una regla.

Existen algunas otras diferencias entre mi esposo y yo. Keith tiene el gen de "todas las luces de la casa deben estar apagadas si no se están usando". A mí ese gen me falta. Su idea de una tarde relajada es abrir un camino en el bosque para ir a mirar las aves; a mí me gusta tejer. A él le gustan las películas de guerra; a mí me gustan las novelas románticas de Jane Austen. Somos una pareja extraña.

Como comenté anteriormente, cuando comenzamos nuestro matrimonio teníamos antecedentes y preferencias muy diferentes. Pero ahora pienso en lo parecidos que nos hemos vuelto.

Yo tiendo a ser más tímida. Por lo general, imparto mis conferencias en eventos para mujeres, a menudo frente a grandes grupos, y eso no me afecta en lo absoluto. Pero en reuniones pequeñas, cuando debo hablar persona a persona, me siento incómoda. No se me da de forma natural mantener conversaciones casuales con extraños. A Keith, por otro lado, no se le hace fácil estar callado. No obstante, desde que estamos casados, me ha llevado a tantas reuniones, que he comenzado a abrirme un poco. Lo curioso es que él también ha comenzado a estar más callado. Si no nos hubiésemos casado, el sería aún más sociable y yo más introvertida.

Otro ejemplo es la comida. A mí me gustan las golosinas, pero no las grasosas ni las saladas. Keith, por otro lado, una vez se tomó una taza de grasa de tocineta porque alguien lo retó a hacerlo. Si Keith no se hubiera casado conmigo, es muy probable que tuviera mucho más peso que el que tiene ahora, y yo quizás nunca habría sabido lo rica que es la mantequilla de verdad.

En los últimos veintitrés años, ambos hemos cambiado. Yo no soy la misma persona que caminó hacia el altar, y él no es el mismo que estaba esperando por mí al final. Lo amaba muchísimo entonces, pero ahora lo amo con más profundidad. Solo por estar juntos, nos cambiamos el uno al otro.

PENSAMIENTO #4
No puedo moldear a mi esposo a mi imagen.

Parece que cambiar para mejor es un factor clave en muchos romances. Tomemos la historia de *La Bella y la Bestia*, por ejemplo. Bella ve un gran potencial en la Bestia. Por supuesto, todo el mundo le tiene miedo, pero ella sabe que detrás de ese feo exterior, existe un hombre grandioso que solo necesita ser liberado. Así que se enamora de él, y él, a causa del amor de ella, tiene el valor de dejar que su yo verdadero se manifieste. El amor de ella lo cambia.

Así es la historia, ¿verdad?

En verdad, no es así. La historia verdadera de *La Bella y la Bestia* es más o menos así: al principio, Bella le tiene mucho miedo a la Bestia, pero cuando lo conoce, puede ver a su yo verdadero. Ella admira y respeta su carácter. Y así lo acepta y lo ama, como una Bestia. Y gracias a esa aceptación, él se transforma en la persona que debe ser. La aceptación es la clave para el cambio.

Nuestros esposos no son piezas de arcilla que podamos moldear a nuestra imagen. Ellos tienen el derecho de ser ellos mismos y, cuando aceptamos eso, nuestro matrimonio tiende a fortalecerse.

Manipularlo para que cambie siempre trae consecuencias

Muy bien, espere un momento. Si el cambio es inevitable en el matrimonio, ¿no significa eso que *sí podemos* cambiar a nuestros esposos?

El matrimonio es un sistema vivo que está en constante transformación. Pero ese tipo de cambio natural es un proceso recíproco que ocurre mientras nos adaptamos el uno al otro. Yo no me propuse ser más sociable en las reuniones; mi esperanza era que Keith de repente disfrutara de noches tranquilas en casa. Él no se propuso disfrutar de las películas románticas, o de los viajes. Si hubiésemos tenido el poder de cambiar al otro en la dirección que queríamos, no seríamos quienes somos hoy. Y probablemente tampoco habríamos crecido tanto como individuos.

Su esposo no seguirá siendo la misma persona que era el día de su boda, pero usted tampoco. Aunque el cambio es inevitable, no significa que tenga que ocurrir de acuerdo con nuestros planes. Si espera que su esposo cumpla sus expectativas para poder amarlo, usted probablemente será muy infeliz. La clave definitiva para el cambio en el matrimonio es la aceptación, la intimidad y la amistad, no la coerción y el rechazo.

Pero ese no es ni remotamente el mensaje que nos da nuestra sociedad. Acérquese a cualquier tienda y observe las portadas de las revistas, y verá titulares como: "Diez formas de hacer que su hombre sea más afectuoso", "Cómo hacer que su esposo la ayude más en la casa", y, "Cómo convertir a su hombre en el rey del romance". No se busca aceptarlo, sino manipularlo para que podamos moldearlo y convertirlo en nuestro muñeco Ken personal.

Pero la manipulación casi nunca da los resultados esperados, porque lo que deseamos es verdadera intimidad: la convergencia de dos seres completos que se aman y desean estar juntos. Si estamos tratando de cambiarlos, nunca podrá existir la convergencia de dos seres. Lo que estaremos es disminuyéndolo y demostrándole que en realidad no lo amamos por lo que es. La aceptación, por lo tanto, es un requisito para la intimidad.

¿Significa eso que hemos de aceptar todos sus comportamientos? No, porque aceptar a la persona no es lo mismo que aceptar su comportamiento.

A veces nos dicen que:

CREENCIA POPULAR: Los hombres necesitan respeto, así que debemos respetar sus decisiones.

Eso no es lo que estoy discutiendo. No necesariamente hemos de respetar sus decisiones, sino respetar su *derecho* a tomar esas decisiones. No tratar de controlarlo.

Eso puede sonar como que ellos tienen permiso de hacer todo lo que quieran, y es así: lo tienen. Pero esta es la cuestión: *nosotras también lo tenemos.* Así como ellos pueden tomar decisiones, nosotras podemos hacerlo, y pronto veremos cómo crear un matrimonio que honre a Dios decidiendo cómo responder si ellos hacen algo que nos lastime. Pero por ahora, dejemos estos asuntos de lado y démonos cuenta de que *nuestra responsabilidad no es cambiarlos, sino aceptarlos.*

Aceptar una persona es más o menos así:

Aceptarlo como su esposo: Tomemos la decisión de amarlo y permanecer comprometidas con él. No permitiremos que las cosas que él haga y que a nosotras nos molestan afecten ese compromiso.

Aceptarlo como un hijo de Dios: Aceptemos que él puede tomar sus propias decisiones y respetemos su derecho, incluso si no estamos de acuerdo con él. No intentemos controlarlo.

Mantener nuestros ojos en nosotras, y no en él

El secreto de la aceptación es aprender lo que mi amiga Julie aprendió en el capítulo anterior: debemos hacernos responsables de nuestras cosas primero, en vez de esperar que nuestro esposo nos hagan felices.

Después de algunos años de casada, Becky Zerbe entendió cuál era su responsabilidad en la transformación de su matrimonio. Ella empacó sus cosas, tomó a su bebé de catorce meses y se fue a casa de sus padres, decidida a dejar a su esposo Bill. Cuando llegó, su madre calmadamente tomó un pedazo de papel y dibujó una línea vertical en el centro. Le pidió que escribiera en el lado izquierdo de la hoja todas las cosas que Bill había hecho que le habían provocado deseos de irse. Becky lo hizo con entusiasmo, segura que su madre le pediría que escribiera las cualidades de Bill en la parte derecha. Quería estar segura de que el lado izquierdo fuera más abundante que el derecho.

Pero cuando Becky terminó de escribir los defectos, su madre no le pidió que escribiera las virtudes de él, sino que le dijo: "Por cada cosa que pusiste en la lista de la izquierda, quiero que escribas la reacción que tú tuviste". Becky se quedó atónita, pero escribió en detalle todo lo que había hecho. Se había enfadado. Había gritado. Se había retraído y había criticado. Cuando terminó, su madre rompió la hoja por la mitad y le entregó a Becky la lista de sus propias fallas. Le pidió que orara por esas cosas antes de tomar cualquier decisión.

Becky se dio cuenta de que había estado culpando a Bill por todo, pero Bill no era el único culpable. Así que regresó a su hogar, para siempre, y las cosas que antes le molestaban de él, ahora las encontraba adorables.[1]

Culpar a otro es terriblemente contraproducente cuando se trata del matrimonio. En su libro *Límites en el matrimonio,* Los doctores Henry Cloud y John Townsend escribieron que en vez de practicar a echarle la culpa a otro, necesitamos empezar a practicar la propiedad. Demasiadas veces decimos que nuestros cónyuges "nos hacen sentir culpables" o "nos hacen enojar". Culpamos a la otra persona de nuestro comportamiento o de nuestra infelicidad,[2] y eso nos hace estancarnos, porque si todos nuestros problemas son culpa de otra persona, entonces no hay nada que podamos hacer para resolverlos.

Tal vez lo que nos haga falta sea una buena dosis de humildad, tal y como Dios nos pide en Miqueas 6:8. Tenemos que practicar la justicia, amar la misericordia y humillarnos ante Él. Esa humildad nos ayuda a apartar los ojos de lo que todos los demás están haciendo mal y colocarlos en nuestros propios corazones. Si siempre estamos orando: "¡Cámbialo!", creyendo que nosotras estamos libres de culpa, es difícil escuchar lo que Dios nos puede estar pidiendo que hagamos. No nos hemos humillado delante de Él. Sin embargo, decirle a Dios: "Soy tuya, cámbiame", es a menudo el punto de partida para un crecimiento real en el matrimonio. Estamos siendo honestas con nosotras mismas y con Dios, dejando nuestras defensas bajas para poder escuchar con mayor facilidad lo que Dios quiere decirnos.

Cuando hablo de pedirle a Dios que nos cambie, no solo significa que nos ayude a ser más cariñosas, tal y como explicamos en el Pensamiento #1. También podría significar pedirle a Dios que haga todo lo contrario: ayudarnos a ser más valientes; ayudarnos a "practicar la justicia" enfrentándonos a la injusticia, incluso con nuestros esposos. Nosotras no dictamos la manera en que cambiamos, Dios lo hace. Y Él desea que cada vez nos parezcamos más a Jesús, en todos los aspectos.

Aceptar implica reconocer nuestras decisiones

La bandeja de entrada de mi buzón de correo electrónico está inundada de mensajes de mujeres frustradas con sus esposos. Algunas veces leo estos correos electrónicos con una gran dosis de confusión. He aquí un ejemplo:

> "En el trascurso de los últimos seis meses, después de nuestra boda, me he dado cuenta de que mi esposo es un descuidado. Nunca limpia nada. Nunca es cariñoso: ni siquiera un beso en la mejilla, a menos que quiera sexo. Además, me prometió que dejaría de fumar, pero no lo ha hecho. Luego se me acerca y trata de iniciar algo cuando ni me ha hablado en todo el día, y yo le digo algo como: 'Apestas a cigarrillo', y simplemente se enfurece. ¿Cómo puedo hacer para que actúe como un hombre en vez de como un niño?".

Ellos han estado casados por menos de un año y, según su esposa, él hace todo de forma incorrecta. Fuma. No es cariñoso. Es un malvado.

Esta nueva esposa, y muchas más como ella, están terriblemente frustradas, y me cuentan estos detalles para que sienta compasión por ellas. Según ellas, ¡sus esposos son unos idiotas! Pero es ahí donde comienza mi confusión. No entiendo cuál es el beneficio de que otra persona esté de acuerdo con usted en que su esposo es un idiota, si fue usted el que lo escogió. Si él es un completo idiota, ¿qué dice esto sobre su habilidad de tomar buenas decisiones?

Mi hija mayor está comprometida con un muchacho de su universidad que comparte una casa con cuatro jóvenes más de su grupo, la Fraternidad Interuniversitaria de Cristianos (FIUC). Una vez, tres de estos chicos representaron un combate estilo Jedi, con todo y toallas en sus cabezas y efectos de sonido, mientras sus tres novias estaban sentadas en el sofá, viéndolos con incredulidad. Cuando una de las chicas les reclamó: "Ustedes son demasiado raros", los tres muchachos pararon y dijeron al mismo tiempo: "Bueno, eso fue lo que tú escogiste".

Y tenían razón.

PASO DE ACCIÓN: Recuerde siempre por qué usted lo escogió a él. Haga una lista con al menos seis cualidades que tiene su esposo que le atrajeron de él. Escriba debajo dos cosas específicas que él ha hecho, que la han ayudado a saber que usted lo ama. Guarde la lista debajo de su cama y cada noche escriba algo que su esposo haya hecho ese día, que le demuestre una de esas cualidades que usted escribió. Dé gracias a Dios por esa cualidad específica de su esposo.

Hemos escogido a estas criaturas para casarnos; extrañas criaturas que corren riesgos, que encuentran fascinante hacer estallar cosas y a las que les parecen divertidos los ruidos corporales. Y aun así, cuando nos casamos, de una forma u otra su propensión a ser extraños o peligrosos empieza a molestarnos cuando hay que lavar los platos, tomar decisiones importantes o cambiar los pañales del bebé. Entonces tratamos de cambiarlos, con la esperanza de que se vuelvan menos impulsivos, arriesgados, o salvajes y más como nosotras.

¿Es eso lo que usted realmente quiere? Después de todo, esas diferencias, esas cosas varoniles, fueron las que le atrajeron de él. La raíz de muchos problemas matrimoniales es la falta de aceptación de que esa persona es el hombre que usted escogió para casarse y que sus votos matrimoniales significan algo.

La aceptación produce satisfacción

Cheri, mi amiga bloguera, se ríe de lo inocente que ella era antes de casarse: "Aún tengo una carta que envié a la casa de mis padres cuando estábamos saliendo, en la que les decía que él era una versión masculina de mí". Pero no podía estar más equivocada. Una vez que se casaron, rápidamente se dio cuenta de que no era "como tener sexo con un mejor amigo", sino más bien como el Sr. Spock, o en un lenguaje más moderno, como Sheldon, el de *La Teoría del Big Bang*. Aunque no fue diagnosticado en su momento, su esposo tenía Síndrome de Asperger. Él era genial y fascinante, pero tenía muy poca comprensión sobre la mayoría de las emociones humanas.

Justo después de su luna de miel, ambos estaban acomodando sus muebles en el conjunto residencial para estudiantes casados, y no podían ponerse de acuerdo sobre dónde colocar el sofá. Cheri tenía opiniones válidas, pero su esposo tenía la lógica de su lado.

"Un amigo habría dicho: 'lo que sea que quieras, está bien', pero a mi esposo no le gustaba perder en una discusión. Así que se fue a buscar la alfombra para poner el sofá donde él quería", dijo ella.

Esa fue la primera de una larga serie de discusiones que su esposo ganó durante la década siguiente, porque era tan lógico, que ella no podía refutarlo, y ella muchas veces terminaba llorando.

"Para una amiga, esto podría haber sido la señal para acercarse", explicaba Cheri, pero la familia de su esposo menospreciaba a las personas que lloraban. Así que esto los alejó aún más.

Pronto Cheri comenzó a demostrar desprecio, la causa principal de divorcio, de acuerdo con el investigador matrimonial John Gottman.[3] Ella se quejaba, cuestionaba el criterio de su esposo, lo anulaba. Ella se creía superior porque podía comprender emociones que él no comprendía. Cuando él hacía algo que a ella no le gustaba, le torcía los ojos. Usaba un tono de voz despectivo. Si él pronunciaba mal una palabra, ella lo regañaba, solo para darle una lección. Y sus hijos comenzaron a seguir su ejemplo.

"Lo estaba tratando peor que a un extraño", admitió Cheri con tristeza.

Finalmente, empacó sus maletas, pero las metió en el armario. Decidió que no se iría sino hasta el próximo gran estallido, y así podría culparlo a él por obligarla a irse.

No obstante, en el ínterin ella experimentó un cambio. Cheri comprendió que había muchas cosas que ella no había hecho para intentar arreglar su matrimonio, y que solo se había enfocado en culparlo a él por ser como era. Había estado triste, había estado sola, había llorado, pero realmente nunca había hecho nada para reparar la grieta.

Así que le dio a Dios un año para cambiar las cosas. Ella seguía esperando que Dios tomara la batuta y cambiara a su esposo, pero en el trascurso de ese año comenzó a ser receptiva con lo que ella también necesitaba cambiar. Comprendió que gran parte de su problema eran sus propias expectativas, su propia actitud y su propio comportamiento. Cada cosa que él hacía ella se la tomaba personalmente y la sacaba de proporción.

Cheri cumplió el desafío de no quejarse del cual hablamos en el Pensamiento #2.[4] Pero el gran paso lo dio durante un retiro espiritual: "Durante el fin de semana, me di cuenta de que había estado pidiéndole a mi esposo que me rescatara de mí misma, y lo había puesto en el lugar donde solo Dios debía estar". Ella estaba esperando algo que su esposo, un ser humano imperfecto, no le podía dar. Así que Cheri decidió acudir a Dios. "Tú sabes —admite Cheri entre risas—, si hubiéramos sido más compatibles, no habría tenido necesidad de acudir a Dios".

PASO DE ACCIÓN: Convierta el desprecio en aceptación. Durante una semana, haga el esfuerzo de respirar antes de reaccionar ante su esposo. Permita que esa pausa para respirar la ayude a dejar de voltearle los ojos, controlar su tono de voz y detener cualquier intento de corregirlo.

Cheri me contó sobre el distanciamiento en su matrimonio, los pleitos, e incluso su anterior negativa al sexo. Mientras me contaba su historia, nuestra conversación por Skype era interrumpida constantemente por las bromas entre ella y su esposo, que se encontraba en otra habitación. Como él tenía que salir para hacer una diligencia, Cheri se quitó los audífonos y me dijo con una sonrisa pícara: "¡Ya vengo!, voy a darle un beso antes de que se vaya". Esta mujer, que había estado luchando con Dios por su falta de amor hacia su esposo Spock, se emocionaba como una colegiala por este hombre que ahora era el dueño de su corazón.

¿Qué hizo? Lo aceptó tal como es. Dejó de intentar cambiarlo, y con eso dejó de mostrar desprecio hacia él. Dejó que Dios compensara sus necesidades. Al final, encontró esa relación divertida que siempre había anhelado.

Si algo depende de mí, tengo que actuar

La aceptación nos liberó a mi esposo y a mí, pero ese fue solo el primer paso. En Romanos 12:18, Pablo escribió: "Si es posible, y en cuanto dependa de ustedes, vivan en paz con todos". Debemos ser responsables de lo que está bajo nuestro control, y a la vez reconocer que no todo lo está. Todos tenemos la habilidad y el derecho de tomar nuestras propias decisiones, incluso las malas. A veces, aquellos que amamos toman malas decisiones, pero eso no nos exonera de la responsabilidad de hacer lo que *está* bajo nuestro control.

En el capítulo anterior dijimos que no debemos depender de nuestros esposos para ser felices, y es verdad. Pero ahora quiero ir un poco más allá. No *solamente* es que no debemos esperar que nuestros esposos cambien, o que satisfagan todas nuestras necesidades. Es que debemos tomar la iniciativa de cambiar nosotras mismas.

Ahora mismo hay un equilibrio en su relación. Puede ser uno nocivo, pero hay un equilibrio. Cada uno hace determinadas cosas, y eso se ha vuelto su rutina.

¿Y qué pasa si a usted no le gusta esta rutina?

Las relaciones se asientan de forma natural. Como un sube y baja, llegan a un estado de reposo cuando cada uno hace su papel. Ese estado de reposo no necesariamente es saludable. Tal vez él está llevando todo el peso en el sube y baja porque es demasiado controlador, o tal vez usted no está llevando suficiente peso por ser muy tímida. Pero hay dos formas de cambiar el equilibrio del sube y baja, bien sea que usted se mueva o que él se mueva. Cuando alguno se mueve, el sube y baja cambia y encuentra un nuevo equilibrio. ¡Así es como cada uno termina cambiando al otro! Usted no necesita tratar de cambiar a su esposo; simplemente cambie usted, y eso creará una nueva "normalidad" en su relación. Veamos cuatro maneras en las que podemos cambiar la dinámica de nuestros matrimonios sin tratar de cambiar a nuestros esposos, sino simplemente cambiando nosotras mismas.

1. Pregúntese qué es lo que quiere

Todos tenemos expectativas cuando nos casamos, pero muy rara vez nos damos cuenta. No imaginamos que son hechos: "Simplemente así son las cosas". Nos olvidamos de que sus "cosas" tal vez pueden ser diferentes a nuestras "cosas" y, por lo tanto, él pudiera no tener la misma visión del mundo. Cuando él no coloca su ropa sucia en la cesta, lo tomamos como un desaire personal y pensamos: *Él está esperando que yo recoja sus cosas*. Lo cierto es que quizás a él no le importa mucho que haya ropa sucia en el piso, y simplemente no se da cuenta de que está ahí, ni de que eso la está molestando.

¿No se da cuenta de que eso me molesta? ¿Cómo puede ser tan obtuso?

En *The Good News About Marriage [La buena noticia sobre el matrimonio],* Shaunti Feldhahn comparte una estadística que dice que en el 82 por ciento de los matrimonios en los que al menos uno de los cónyuges es infeliz, el otro cónyuge no sabe que hay algo que está mal.[5] Tal vez usted está furiosa por dentro y hasta dolida, y es posible que su esposo no lo note.

Algunas de mis lectoras recientemente compartieron en mi página de Facebook algunas de sus experiencias al pedirle ayuda a sus esposos. Lynn dijo:

> Al principio de nuestro matrimonio, insinué muchas veces que me gustaba mucho que los platos limpios fueran guardados. Finalmente, me enojé y mi esposo y yo discutimos por eso. Entonces me dijo: "Solo dime qué quieres que haga y lo haré". Pensé que era feo darle órdenes, pero así era como él lo quería. Un tiempo después, estábamos visitando a su mamá y ella estaba soltando indirectas por algo que ella quería que él hiciera. Cuando ella salió de la habitación le dije: "Tu mamá quiere que hagas esto". Él lo negó diciendo: "No puede ser. Viví con mi mamá mucho más tiempo que contigo, me habría dado cuenta". Cuando ella volvió, él se lo preguntó directamente y ella le dijo: "Sí, claro. ¿Por qué tardaste tanto en darte cuenta?".

Pensé que era feo darle órdenes. A veces no pedimos las cosas porque nos parece que es degradante, pero la mayoría de los hombres prefiere que les pidan las cosas directamente a que les lancen indirectas. Cuando pedimos las cosas directamente, tratamos a nuestros esposos como adultos. Ellos tal vez se rehúsen, pero al menos sabrán lo que queremos. Soltarles indirectas es como pedirles que lean nuestras mentes, lo cual es irrespetuoso.

La idea de tener que pedir ayuda, sin embargo, le molestaba a mi lectora Lindsey: "¡No debería tener que pedírselo!", se decía. "Él tiene ojos y puede *ver* este desastre". Pero un día, durante una discusión, su esposo se calmó y le dijo: "Mi amor, simplemente no veo el desastre de la manera en la que tú lo ves. No soy tan bueno como tú ordenando la casa, los quehaceres y las cuentas. No hago múltiples tareas como tú, lo lamento". Después de eso, Lindsey ha aprendido a pedirle las cosas, ¡pero tampoco pedirle que haga mil cosas a la vez!

Lynn y Lindsey desperdiciaron mucha energía emocional enfureciéndose porque sus esposos no se hacían cargo de lo que ellas pensaban que eran responsabilidades elementales. Aun así, cuando pidieron ayuda, sus esposos estuvieron más que dispuestos a colaborar.

PASO DE ACCIÓN: Escoja una cosa que la esté molestando y pídale a su esposo que la ayude con eso esta semana.

2. Dedíquese a realizar actividades que la hagan feliz

Desafortunadamente, el pedir ayuda no funciona en todos los matrimonios. Mi amiga Jeannie intentó pedirle a su esposo, un ejecutivo corporativo, que se quedara más tiempo en casa para compartir con su familia, pero él se rehusó. Ella lo amaba, él amaba a sus hijos, pero su trabajo era prioritario. Ella estaba molesta, triste y preocupada de que los niños crecieran sin conocerlo. Ellos nunca se divertían en familia, solo se quedaban en casa, esperando que papi entrara por la puerta a tiempo para cenar.

Finalmente, Jeannie se dio cuenta de que debía tomar una decisión. Podía aceptar el hecho de que su esposo siempre trabajaría muchas horas, o podía volverse una amargada y hacer a los niños infelices en el proceso. Ella decidió que la aceptación era el mejor camino, pero el asunto no terminó ahí.

Ella soñaba viajar con los niños a campamentos, a Disneylandia e incluso a comer en el parque un domingo por la tarde. Había puesto en espera todos estos sueños, pensando que no era correcto hacer estas cosas sin su esposo, pero decidió que, si estas cosas la hacían feliz, debería hacerlas de cualquier modo y dejar de esperar que su esposo le produjera esa felicidad.

Cuando comenzó a planear cosas divertidas para ella y sus hijos, empezó a notar que su esposo hacía un mayor esfuerzo por estar en casa para compartir algunas de ellas. Ya la casa no era el mismo lugar tenso, porque no sentía rechazo cuando entraba por la puerta. Aun si él no hubiera venido a casa con más frecuencia, ella habría sido más feliz que antes. Y esa felicidad produjo un renacer a su matrimonio. Su esposo no se sentía tan obligado a solucionar todas las cosas, y eso le daba más libertad de acompañarlos sin sentirse culpable.

Si hay algo que usted quiere hacer desesperadamente y que a su esposo parece no entusiasmarle, hágalo de todos modos. Al hacerlo, ayuda a crear la felicidad que los beneficiará a todos, y liberará a su esposo de la responsabilidad de solucionar su insatisfacción.

PASO DE ACCIÓN: Incorpore algunas actividades estimulantes en su vida. Escoja algo que haya estado posponiendo y prográmese para hacerlo.

3. Deje de ser sobrefuncional

Geri Scazzero, autor de *La mujer emocionalmente sana,* es la madre de cuatro hijos que vivía una vida sumamente ocupada. Su idea de la "perfecta esposa cristiana", era la de alguien que siempre tuviera todo bajo control. Su casa era perfecta, estaba dedicada a sus hijos, y si alguien de la iglesia necesitaba algo, dejaba todo y acudía en su ayuda.

El esposo de Geri era pastor en la ciudad y se dedicaba a la evangelización. Con frecuencia, por puro capricho, invitaba a otras personas a su casa a comer, y Geri debía ingeniárselas para preparar algo para un montón de gente, además de ayudar a sus hijos a realizar las tareas y llevarlos a sus actividades habituales.

Un día, no pudo soportarlo más. Se quejaba de que siempre estaba demasiado ocupada, mientras su familia parecía llevar una vida fácil. Y se dio cuenta de que nunca empezarían a ser una familia funcional hasta que *ella* dejara de hacerles todo. Geri explica: "Somos personas sobrefuncionales cuando hacemos por otros lo que ellos pueden y deben hacer por sí mismos. Las personas sobrefuncionales evitan que todos, incluyéndose a sí mismos, se desarrollen... Donde exista una persona sobrefuncional, invariablemente habrá otra infrafuncional".[6]

Geri se dio cuenta de que se estaba convirtiendo en alguien que no deseaba ser. Se había vuelto amargada y sarcástica. Se quejaba mucho. Y al hacer tanto, también estaba contribuyendo a que los otros miembros de la familia se convirtieran en personas que a ella tampoco le gustaban. Se acostumbraron a recibir sus cuidados. No mostraban gratitud. No eran responsables. El primero de todos era su esposo. Hasta que finalmente cayó en cuenta: "Si quería que Pete empezara a hacer algo en la casa, yo debía dejar de hacer todo".[7] Ella no trató de controlar a Pete, ni de decirle qué hacer. Simplemente se puso un límite, decidiendo lo que haría y no haría de allí en adelante. Era responsabilidad de los demás cómo habrían de responder. Los Scazzero se convirtieron en una familia más pacífica, funcional y organizada cuando Geri empezó a decir que no.

PASO DE ACCIÓN: Deje de ser sobrefuncional. Si usted está haciendo cosas por su familia, deje que ellos las hagan por sí mismos. Comience a dejar vacíos que ellos mismos puedan llenar.

4. Deje que los demás cosechen lo que sembraron

Adeline era madre de seis hijos. Amaba a Dios, hacía trabajo voluntario en la iglesia con los niños y orientaba a las esposas más jóvenes. En todas partes se sentía valiosa, excepto en su matrimonio. Se sentía constantemente disminuida y lastimada por su esposo Cole, que la gritaba, la criticaba y le decía cosas crueles sin siquiera disculparse. Durante veinte años, Adeline leyó libros sobre cómo ser una buena esposa, escuchó sermones sobre el perdón y sobre cómo tener un espíritu manso, y le pidió sin cesar a Dios que la convirtiera en una compañera afectuosa y pacífica, que no provocara tales contiendas.

Adeline había aceptado su culpa por los problemas que existían en la relación y había tratado fuertemente de solventarlos. Mientras tanto, Cole decía y hacía lo que quería, mientras su familia lo atendía.

Vivir el propósito de Dios incluye, según Miqueas 6:8, "actuar con justicia". Eso significa que debemos buscar tener relaciones justas. En Gálatas 6:7, Pablo habló del plan de Dios para la justicia: "No se engañen: de Dios nadie se burla. Cada uno cosecha lo que siembra". En su libro *Límites en el matrimonio,* los doctores Henry Cloud y John Townsend llamaron a esto "La ley de la siembra y la cosecha". Cosechamos lo que sembramos. En el caso de Adeline, Cole estaba sembrando discordia, egoísmo y crueldad, y Adeline y sus hijos estaban cosechando las consecuencias. Adeline estaba quebrantando la ley de sembrar y cosechar, tomando una de las mejores herramientas que Dios tenía para modelar a Cole a la imagen de Dios.

Cuando los hijos de Adelina se hicieron adolescentes, comenzaron a ver la dinámica familiar con mayor claridad. Así que sentaron a su madre y le dijeron que Cole era cruel, irracional y que no se comportaba como cristiano. En el mismo instante en que sus hijos notaron ese comportamiento, Adelina se dio cuenta de que no podría cambiar a una persona irracional, aunque fuera la persona más amable o dulce del mundo. Este pasaje del libro de John Townsend *¿Quién aprieta tus botones?* le llamó especialmente la atención:

> "He visto la ley de sembrar y cosechar funcionar poderosamente cuando la gente permite que el que aprieta los botones la experimente. Por otra parte, la he visto interrumpida por rescatistas y facilitadores bien intencionados, y su poder se ve anulado temporalmente por aquellos que están dispuestos a ayudar a la persona a evitar las consecuencias de sus actos. Dios castiga a los que ama (He. 12:6). No cometa el error de interponerse entre la persona difícil y las leyes de Dios".[8]

Adeline decidió comenzar a dejar que la ley de sembrar y cosechar funcionara en su matrimonio. Si su esposo la criticaba o le hablaba de mala manera, ella saldría de la habitación diciendo: "No te escucharé mientras me estés hablando así". Ella le dijo que no tendría intimidad física con él cuando él se comportara con crueldad y no se arrepintiera.

PASO DE ACCIÓN: Deje que los demás cosechen lo que siembran. Respete su derecho a tomar decisiones, pero dibuje una línea clara que diga: "Cuando hagas esto, yo también escogeré hacer esto".

Si usted se encuentra en un matrimonio como el de Adeline, por favor entienda que no es el deseo de Dios que su esposo la menosprecie. Su deseo es que ambos cónyuges aprendan a amarse mutuamente, en intimidad. Así que si está comprometida a amar a su esposo, a honrar su matrimonio, y a hacer que se convierta en una relación saludable, debe hacer algunos cambios. *Lo que usted tolera, continúa.* Si él está haciendo algo mal, no solo algo irritante, no puede seguir tolerándolo.

Esto no es lo mismo que tratar de cambiarlo. Simplemente quiere decir que usted cambia *su manera de reaccionar ante él.* Como explican los doctores Cloud y Townsend, responder de esta manera les da a los esposos como Cole una oportunidad de cosechar la soledad que han estado sembrando, y le dan el impulso de tratar a los miembros de la familia con mayor consideración.

Pero he aquí la otra lección: incluso si él no cambia, usted habrá transformado su vida en algo mejor. Se está alejando de una situación dolorosa, mientras continúa respetando a su esposo. Usted le está diciendo: "Tienes derecho de estar enojado, pero yo también tengo derecho de no escuchar tus gritos". Usted lo acepta como un hijo de Dios que puede elegir su manera de actuar, pero a la vez entiende que usted también es una hija de Dios que tiene el derecho de elegir. Eso fue lo que hizo Adeline, y se está dando cuenta de que después de pasar años intentando ganarse el favor de su esposo, finalmente puede experimentar y sentir el favor de Dios.

Nuestro esposo no es una masa de barro que podemos moldear, pero *nosotras sí* somos piezas de barro que Dios quiere moldear. Isaías 64:8 dice: "A pesar de todo, Señor, tú eres nuestro Padre; nosotros somos el barro, y tú el alfarero. Todos somos obra de tu mano". Cuando aceptamos a nuestro esposo, Dios comienza a cambiarnos, y eso puede implicar aprender a enfrentar un mal comportamiento, como lo hizo Adeline, o aceptar nuestra responsabilidad por las dificultades que existen en nuestro matrimonio, como hizo Becky. Pero el único capaz de cambiar realmente a una persona, es Dios. No debemos intentar hacer el trabajo de Dios. Apoyémonos en Él y dejémoslo realizar su obra en nosotros.

RESUMEN DE LOS PASOS DE ACCIÓN:

1. Recuerde por qué escogió a su esposo. Haga una lista de todas las cualidades que le atrajeron de él.

2. Convierta el desprecio en aceptación. Tome un respiro antes de reaccionar en contra de su esposo. Permita que ese respiro le impida voltearle los ojos, controlar su tono de voz y detener cualquier intento de corregirlo.

3. Escoja algo que la esté molestando y pídale a su esposo que la ayude en ese aspecto, durante esta semana.

4. Incluya algo de diversión en su vida. Escoja algo que ha estado postergando y prográmese para hacerlo.

5. Deje de ser sobrefuncional. Si usted hace cosas por su familia, ellos deberían poder hacerlas por sí mismos, así que comience a retraerse y deje un vacío que ellos mismos puedan llenar.

6. Permita que los demás cosechen lo que sembraron. Respete su derecho a decidir, pero dibuje una línea clara que diga: "Cuando hagas esto, yo también escogeré hacer esto".

Pensamiento #5

No estoy en una competencia con mi esposo

Nunca me he sometido a mi esposo de forma intencional. A veces he dejado de hacer algunas cosas para simplificar su vida. Pienso en su comida favorita cuando decido qué preparar para la cena. He tomado en serio cuando él me ha dicho que estoy malcriando a una de nuestras hijas, y he simplificado mi agenda cuando él ha manifestado su preocupación de que me pueda estar sobrecargando de asuntos. Pero nunca lo he visto como "sumisión". Simplemente pienso: *Él es mi esposo, lo amo y quiero complacerlo.*

Supongo que en eso se resume la sumisión, pero por lo general rechazo esa palabra. A menudo se utiliza en círculos cristianos como sugiriendo que los esposos deben ser sargentos mayores y las esposas soldados rasos, listas y dispuestas a obedecer. Eso no suena como un matrimonio compenetrado; sino como un juego de poderes.

No creo que la sumisión signifique eso, así que veamos primero cómo ha sido introducida en nuestro léxico matrimonial para ver si podemos explicar su verdadera finalidad. En Efesios 5:21, Pablo nos exhorta: "Sométanse unos a otros, por reverencia a Cristo". La sumisión mutua es un sello distintivo de la vida cristiana, un resultado natural de "humillarte ante tu Dios" (Mi. 6:8). Luego, Pablo explica cómo debe ser la sumisión, según los diferentes grupos de personas:

> "Esposas, sométanse a sus propios esposos como al Señor. Porque el esposo es cabeza de su esposa, así como Cristo es cabeza y salvador de la iglesia, la cual es su cuerpo. Así como la iglesia se somete a Cristo, también las esposas deben someterse a sus esposos en todo. Esposos, amen a sus esposas, así como Cristo amó a la iglesia y se entregó por ella para hacerla santa. Él la purificó, lavándola con agua mediante la palabra, para presentársela a sí mismo como una iglesia radiante, sin mancha ni arruga ni ninguna otra imperfección, sino santa e intachable. Así mismo el esposo debe amar a su esposa como a su propio cuerpo. El que ama a su esposa se ama a sí mismo, pues nadie ha odiado jamás a su propio cuerpo; al contrario, lo alimenta y lo cuida, así como Cristo hace con la iglesia, porque somos miembros de su cuerpo. 'Por eso dejará el hombre a su padre y a su madre, y se unirá a su esposa, y los dos llegarán a ser un solo cuerpo'. Esto es un misterio profundo; yo me refiero a Cristo y a la iglesia. En todo caso, cada uno de ustedes ame también a su esposa como a sí mismo, y que la esposa respete a su esposo" (Ef. 5:22–33).

En mis conferencias sobre el matrimonio, cuando pregunto qué piensan las personas que quiere decir la palabra *sumisión*, inevitablemente las mujeres titubean hasta que finalmente concluyen diciendo algo como: "Si no estamos de acuerdo en algo, él tiene la última palabra". Eso se parece mucho a la creencia popular, la cual dice así:

> **CREENCIA POPULAR:** El esposo es la cabeza de la familia. Cuando hay un desacuerdo, él decide y ella obedece. Cuando hacemos esto, la familia recibe la bendición de Dios.

¿No le parece raro esto? ¿Dios puso todas esas palabras en la Biblia solo para decir: "En caso de un empate, el esposo gana"?

En lo que respecta a la sumisión, creo que las palabras inmortales de *La princesa prometida* resumen muy bien nuestra experiencia: "Te la pasas utilizando esa palabra. No creo que signifique lo que crees que singnifica".[1] Así que, primero veamos lo que la sumisión no es, para que podamos tener una mejor idea de lo que sí es.

La sumisión no tiene que ver con quién es el que manda

La palabra griega original para *sumisión* sugiere la idea de ponerse por "debajo" de alguien. Esta no es una posición autoritaria, aunque no es de sorprender que tendamos a pensar en ella como jerárquica. Después de todo, ¿qué podemos interpretar cuando leemos la frase "el esposo es cabeza de su esposa" que escribió Pablo en Efesios 5:23? Cualquiera de nosotros puede imaginarse a Bill Gates actuando como la cabeza de Microsoft: él es el líder, el que toma las decisiones, el que está a cargo. O quizás a un sargento del ejército dándole órdenes a los hombres de su unidad: "¡Vayan y tomen esa colina!". Ser *la cabeza* significa ser el jefe.

Hay una palabra griega que significa exactamente lo mismo, es decir, "cabeza de un ejército" o "cabeza de una empresa". Esa palabra es *arkon*. Pero hay un problema. Esa no es la palabra griega que Pablo utiliza para referirse a la "cabeza". Pablo, intencionalmente, utilizó la palabra *kefale*, que es más parecida a "fuente, origen", como en la cabecera de un río. Esto concuerda más con el resto de la oración, que dice: "Porque el esposo es cabeza de su esposa, *así como Cristo es cabeza y salvador de la iglesia, la cual es su cuerpo*". ¿Cómo Cristo materializa su liderazgo? Pablo nos dice que Él "se entregó por ella [la iglesia]" (v. 25). Él no espetaba órdenes, sino que amorosamente se sacrificó por la iglesia, y Pablo les pide a los esposos que hagan lo mismo por sus esposas.[2]

Cabeza como "fuente", en lugar de "jefe", significa tomar la iniciativa, tal y como Jesús tomó la iniciativa de salvar a su iglesia. Esto tiene sentido incluso desde el punto de vista biológico. Los hombres fueron creados para tomar la iniciativa del sexo y las mujeres principalmente para responder (¡Esto no quiere decir que las mujeres no puedan iniciar el sexo! Solo que las mujeres fueron creadas para estar en el extremo receptor).

Mis amigos Derek y Lisa son un buen ejemplo de cómo es esta relación de iniciar y responder. Durante los últimos veinte años, Derek se ha esforzado mucho por dirigir a su familia espiritualmente. Oran antes de cada comida, van a la iglesia cada domingo, y Derek, mientras trabaja, escucha sermones en las estaciones de radio cristianas. El verano pasado tuvo la oportunidad de ir con su hijo adolescente en un viaje misionero a El Salvador.

PENSAMIENTO #5
No estoy en una competencia con mi esposo.

Ese viaje despertó algo dentro de Derek. Hace unas semanas, sentados en la mesa en un restaurante, escuchábamos cuando Derek nos explicaba el efecto que había tenido en él llevar a docenas de huérfanos a un día en la playa y ayudarlos a construir nuevos hogares esa misma semana. Estaba muy emocionado, como nunca antes lo había visto. Y Lisa estaba sentada a su lado, sonriendo en silencio. Lisa no siente la misma emoción, pero puede ver el cambio en Derek. Así que, cuando él le pidió que solicitara un permiso en su trabajo para ausentarse durante tres semanas y poder ir juntos—Derek quería experimentar esto con su esposa—ella accedió. No porque Derek estuviera al mando, sino porque Dios lo estaba llevando hacia algo y Lisa quería ser parte de ello.

PASO DE ACCIÓN: Pregúntese: *¿A dónde está guiando Dios a mi esposo en este momento? ¿De qué manera en particular puedo apoyarlo en eso?* (Orando, haciendo voluntariado con él, investigando sobre algo, etc.).

Pensar en el matrimonio como una relación jerárquica sugiere que las esposas y los esposos están constantemente en desacuerdo y que hace falta que alguien tenga la última palabra. Esto significaría que estamos en una competencia y no en una unidad. Creo que este punto de vista es equivocado.

No estamos en equipos rivales, ¡estamos en el mismo equipo!

Someterse no significa obedecer ciegamente

Lamentablemente, en vez de comprender esta dinámica de trabajo en equipo, por lo general vemos la sumisión en términos de obediencia. Recientemente conversaba sobre esto con Sharol, una amiga y colega que frecuentemente predica en conferencias matrimoniales. Utilizando la definición de la sumisión que dice: "Obedezca a su esposo", ella se dio cuenta de que, en sus cuatro décadas de matrimonio, se había sometido solo una vez. En aquella oportunidad, su esposo sintió el llamado de un ministerio en particular que requirió mudarse a otra ciudad. Ella no sintió ese llamado, pero sabía que era importante para él, así que decidió seguirlo. En el transcurso de los meses siguientes ella también sintió el llamado. Tal como en el caso de Lisa y Derek, su esposo inició, y Sharol respondió.

Pero cuando Sharol y su esposo no logran ponerse de acuerdo en algo en su matrimonio, trabajan en ello hasta que lo logran. Y así han afrontado situaciones importantes: si ella debía o no renunciar a su trabajo de tiempo completo; quién de los dos se quedaría en casa; si debían buscar una oportunidad para ser pastores. El objetivo es estar de acuerdo, así que luchan juntos hasta que lo consiguen.

No comprendo por qué algunas mujeres se sienten orgullosas de decir: "Yo lo dejo tomar todas las decisiones, aun cuando creo que está cometiendo un error". Si usted cree que su esposo se equivoca, usted tiene un problema en su relación. Un desacuerdo, por definición, significa que al menos uno de los dos, o ambos, no está escuchando a Dios. ¿No sería mejor y más acorde con las Escrituras hacer lo que Sharol y su esposo Neil hacen: luchar juntos por lo que quieren, orar fervientemente, juntos e individualmente, y buscar consejo hasta que ambos estén de acuerdo? Si usted siempre se está poniendo detrás de su esposo, sin luchar ni hablar sobre las cosas, entonces fácilmente podría estar evitando la unidad, no mejorándola.

"Pero espere —dirá usted—, ¿cómo puede la sumisión *no* estar relacionada con las decisiones y la obediencia, cuando Efesios 5:24 dice que las mujeres se deben someter a sus esposos 'en todo'?". Bueno, he aquí 1 Pedro 3:5–6, que dice: "Así se adornaban en tiempos antiguos las santas mujeres que esperaban en Dios, cada una sumisa a su esposo. Tal es el caso de Sara, que obedecía a Abraham y lo llamaba su señor. Ustedes son hijas de ella si hacen el bien y viven sin ningún temor".

Sara obedecía a Abraham y lo llamaba su señor. Esto significa que debemos obedecer a nuestros esposos también, ¿no es así?

Recientemente, estuve conversando en mi blog sobre lo que debemos hacer si nuestros esposos están tomando decisiones financieras equivocadas. Si él quiere mentir en una planilla de solicitud de un préstamo, y quiere que su esposa firme el documento junto con él, ¿qué debería hacer ella? Una comentarista respondió: "Ella debe obedecer a su esposo, aunque él esté equivocado. Si ella se niega a firmar, está desobedeciendo a Dios, e incurrirá en juicio por ello. Debe obedecer a su esposo como su señor".

Espere un segundo. ¿Acaso las Escrituras dicen que debemos obedecer a nuestros esposos, aunque estén equivocados? La mayoría de las que comentan mis publicaciones en Facebook parecen creer eso. Cuando les pregunté qué significaba para ellas la sumisión, la gran mayoría dio una definición relacionada con la obediencia: "Obedecer a nuestros esposos tal y como obedecemos a Dios, o a un superior militar".

¿De verdad esto es que lo que Pedro quería decir? En Hechos 5, Lucas relata la historia de un hombre y su esposa, llamados Ananías y Safira. Ellos eran de los primeros discípulos, y deseaban ganar puntos con sus compañeros cristianos. Así que vendieron una propiedad y Ananías les dio una parte del dinero, no el precio total de la venta, a los apóstoles, diciéndoles que esa cantidad había sido lo que había recibido. Luego de que Pedro lo reprendiera por su engaño, Ananías cayó muerto.

Poco después, Safira llegó y Pedro le preguntó: "¿Vendieron ustedes el terreno por tal precio?". Ella respondió que sí y entonces Pedro le dijo: "¿Por qué *se pusieron de acuerdo* para poner a prueba al Espíritu del Señor? ¡Mira! Los que sepultaron a tu esposo acaban de regresar y ahora te llevarán a ti" (Hch. 5:9). Safira cayó muerta también.

Pedro le dijo a Safira que habría sido mejor para ella hacer lo que ella pensaba, que ponerse de acuerdo con su esposo para mentir. Recordemos: Pedro fue uno de los que nos exhortó como esposas a obedecer a nuestros esposos como Sara obedecía a Abraham y lo llamaba señor. Aun así, Pedro fue el mismo apóstol que dejó muy en claro que no deberíamos obedecer a nuestros esposos si nos están llevando hacia el pecado.

De hecho, ¡Pedro habría sido la última persona en decir que pusiéramos alguna vez a una autoridad humana en el lugar de Dios! Más adelante, en el mismo capítulo de Hechos, Pedro y los otros apóstoles fueron arrestados por el sumo sacerdote y todos sus partidarios (la secta de los saduceos) y puestos en prisión por predicar en el nombre de Jesús. Durante la noche, un ángel se apareció ante ellos y los liberó, y comenzaron a predicar nuevamente. Cuando los líderes judíos vieron esto, se quedaron perplejos, para decir lo menos. Así que mandaron a traer a Pedro y los apóstoles, y les exigieron claramente que mantuvieran sus bocas cerradas con respecto a Jesús. Luego, Lucas escribiría en Hechos 5:29: "'¡Es necesario obedecer a Dios antes que a los hombres!', respondieron Pedro y los demás apóstoles". A ninguna otra autoridad humana se le pondrá jamás por encima de Dios—y eso incluye a su esposo.

Safira fue castigada por obedecer a su esposo, y en el Antiguo Testamento, Abigaíl fue elogiada y recompensada por desobedecer a su esposo. En 1 Samuel 25 podemos leer su historia. Ella estaba casada con un bueno para nada llamado Nabal. Cuando David, antes de ser rey, le pidió provisiones a Nabal como pago por la protección que él les había brindado a sus rebaños y a sus sirvientes, Nabal lo rechazó. Abigaíl sabía que esto significaría la muerte para ellos y para sus sirvientes, así que fue a donde David e intercedió. David la perdonó a ella y a sus sirvientes, aunque Dios pronto le dio muerte a Nabal. Y David elogió a Abigaíl y se casó con ella. Ella nunca se sometió y siguió a Nabal de forma ciega. Realmente estaba detrás de él e hizo lo que Pedro le dijo a Safira que debió haber hecho, y se preguntó: "¿Qué quiere Dios que yo haga en esta situación?".

Dios no nos pide a las mujeres que obedezcamos ciegamente a nuestros esposos. Debemos "Practicar la justicia, amar la misericordia, y [humillarnos] ante [...] Dios (Mi. 6:8)". Y esto aplica para el matrimonio también. Debemos caminar en humildad con Dios, no seguir a nuestro esposo y alejarnos de Él. Si seguir a nuestro esposo significa ir en contra de los mandamientos de Dios, debemos seguir a Dios en lugar de a nuestro esposo.

Someterme no significa que soy menos que mi esposo

Un análisis más profundo de las Escrituras también descarta la idea de que las mujeres en el matrimonio deben desechar sus propios pensamientos u opiniones.

Por ejemplo, cuando Dios creó a Eva, la llamó "ayuda adecuada" para Adán (Gen. 2:18). Algunos han escrito que esto quiere decir que el único propósito de la mujer es complementar a su esposo, lo cual es una teología deficiente.[3] Todos estamos hechos a imagen y semejanza de Dios, y las mujeres estamos hechas a esta imagen tanto como los hombres. Si el único propósito de la mujer es apoyar las metas de su esposo, entonces ¿qué pasa con las mujeres solteras, las viudas, e incluso con las niñas? ¿No tienen un lugar en el Reino de Dios?

La escritora Carolyn Custis James se negaba a aceptar la idea de que el plan de Dios para las mujeres fuera algo tan pequeño, cuando comenzó una investigación sobre lo que el término "ayuda adecuada", *ezer* en hebreo, realmente significaba. Descubrió que la palabra se utiliza dieciséis veces en el Antiguo Testamento para referirse a Dios, así que no podía tener ningún significado de subordinación. Y para su sorpresa, tenía una fuerte connotación militar, como en Deuteronomio 33:29: "¡Sonríele a la vida, Israel! ¿Quién como tú, pueblo rescatado por el Señor? Él es tu escudo y tu ayuda [*ezer*]; él es tu espada victoriosa". Escribe ella: "Basada en el uso constante de este término en el Antiguo Testamento, la única conclusión que tiene sentido es que Dios creó a la mujer para ser una guerrera".[4] No somos débiles, ¡somos fuertes! Y ayudamos a nuestros esposos desde esa fuerza, no como personas de menor importancia.

En *Plenamente vivos,* Larry Crabb investiga detalladamente esta idea y de forma similar concluye que la frase: "ayuda adecuada" realmente le da poder a la mujer. Fuimos hechas específicamente para estar junto a nuestros esposos y ser la pareja que ellos necesitan.

Desafortunadamente, el mismo Larry no siempre entendió esto. En su libro él relata cómo, desde el día de su boda, esperaba tomar las decisiones en su matrimonio; él lideraría y su esposa lo seguiría: "Me veía a mí mismo como un sargento amigable, pero firme, buscando a una soldado a quien, por su propio bien, se le exigiera hacer lo que yo dijera".[5] Al principio las cosas fluyeron, pero luego comenzó a sentir el peso de la responsabilidad.

"Como un cirujano que se dirige a una enfermera mientras ejecuta una operación de corazón abierto, tenía que hacerlo bien. Al igual que la enfermera, el deber de mi esposa era seguir mis órdenes, sin hacer preguntas y dar consejos solo si le eran solicitados. Y, al igual que el cirujano, mi responsabilidad era no cometer errores".[6] Cuando comenzó a dudar de su habilidad para dirigir a su esposa de forma perfecta, comenzó a sentir en su corazón que merecía una pareja, no una sirvienta. Y una pareja se parece más a lo que Dios tiene en mente, ya que la palabra *adecuada* significa que ella es capaz de ayudarlo en cualquier cosa con la que él deba lidiar en la vida.

Proverbios 27:17 nos dice: "El hierro se afila con el hierro, y el hombre en el trato con el hombre". Lamentablemente, muchos no actuamos como el hierro en nuestros matrimonios. Actuamos más como paños, útiles para pulir una espada, pero sin lograr que la espada sea más efectiva. Ese no es el camino hacia la consagración, sino es el camino hacia una dinámica verdaderamente poco saludable.

Carmen, una de las lectoras de mi blog, trabajaba como jefa de recursos humanos en una gran empresa. Todo el día trataba con gente, sus emociones y su productividad. En su hogar, sin embargo, sentía que debía dejar que su esposo manejara las complicadas relaciones entre tres adolescentes. Ella participaba poco mientras veía a sus hijos convertirse en adictos a las redes sociales y dejar desastres a su paso. Su esposo creía en una forma de crianza mucho más permisiva. Él raramente les exigía algo a sus hijos y no apoyaba a Carmen cuando ella sugería que era hora de que hicieran algunas labores.

Ella oraba y luchaba por lo que estaba pasando, y admite: "Comencé a sentir desagrado por la clase de personas en la que se estaban convirtiendo mis hijos. Eran perezosos y contestones, y aun así mi esposo seguía diciendo que era solamente una etapa".

El punto de inflexión llegó cuando se dio cuenta de que su hijo de dieciséis años había bajado pornografía a la computadora. Decidió que dejarle la responsabilidad a su esposo no estaba funcionando. Interpeló a su esposo y le preguntó: "¿Podemos establecer metas y responsabilidades para las niños, y comenzar a hacer más cosas juntos como familia?". Como él también estaba devastado por el asunto de la pornografía, cedió.

Carmen elaboró una lista de reglas de la casa, en la cual se incluía cenar juntos como familia, hacer labores semanales y tener que ganarse el tiempo que pasaban frente a la computadora. Le colocó una contraseña al Wi-Fi y la cambiaba diariamente. "Al principio, los chicos se resistieron, pero terminamos más unidos. Nos convertimos de nuevo en una familia, en lugar de ser cinco personas separadas haciendo sus propias cosas". Sin embargo, Carmen seguía lamentándose por su hijo mayor, que se había alejado de Dios. Ella se preguntaba si las cosas habrían sido diferentes si ella hubiera actuado antes.

Carmen y su esposo aprendieron una lección muy importante: Carmen es mejor estableciendo metas y motivando a las personas que su esposo. Sus dones excepcionales pueden ser de "ayuda" para su esposo en la crianza sus hijos. Mientras se contuvo, no actuó como una ayuda adecuada; en lugar de eso creó un ambiente donde su esposo podía ignorar algunas de sus responsabilidades de crianza. Quedarse callada cuando sabía que algo andaba mal no promovía la consagración, ni para ella ni para nadie en su hogar.

PASO DE ACCIÓN: Siéntese con su esposo y hagan una lista de qué "habilidades" quiere fomentar en su casa y en su núcleo familiar. Luego pregúntese: ¿quién es habilidoso en qué? ¿Quién disfruta qué? ¿Existen áreas en las que podemos ayudar más a los demás?

A menudo pronunciamos palabras sin fundamento afirmando que Dios diseñó al matrimonio principalmente para hacernos santas y no para hacernos felices,[7] pero parece que nos olvidamos de que esto también aplica para los hombres. ¿Y si usted fuese el medio a través del cual Dios quiere hacer madurar y crecer a su esposo?

Pasarle la responsabilidad a su esposo no es la respuesta a cada problema matrimonial

Pienso que muchas de las ideas distorsionadas que tenemos sobre la sumisión se producen porque hay pocos textos en las Escrituras donde a las esposas se nos dice lo que debemos hacer en nuestros matrimonios, y en dos de ellos, Efesios 5 y 1 Pedro 3, se hace referencia a la sumisión.[8] Cuando repentinamente aparece un problema matrimonial, ¡lo primero que pensamos es que debemos obedecer a nuestros esposos!

Muchas mujeres, por ejemplo, luchan con esposos pasivos que juegan videojuegos durante horas sin parar, así que en un artículo específico de mi blog, decidí hacer una tertulia para buscar soluciones prácticas para este problema que no implicaran ni manipular ni rebajar a nuestros esposos. Muchas mujeres, sin embargo, comentaron: "En definitiva, él es la cabeza. Si escoge jugar videojuegos, tenemos que respetar eso y someternos a sus decisiones". Ellas creen que si hacemos eso, ellos comenzarán a tomar el liderazgo.

CREENCIA POPULAR: Si su esposo no está asumiendo su responsabilidad como líder, es porque usted no se somete. Si usted da un paso atrás, él se convertirá en un líder.

Este enfoque supone que la razón por la que su esposo está jugando tanto con videojuegos es la manera en que usted está actuando. Está usurpándole el control en el matrimonio, así que él está castrado y se está cohibiendo. Sin embargo, puedo pensar en muchas otras razones por las que él está obsesionado con su Xbox. Puede tener una adicción que viene desde hace mucho tiempo. Tal vez su papá no le reconoció su hombría mientras lo criaba, y por eso tiene problemas para tomar la iniciativa. También pudiera estar deprimido. Si usted retrocede y "se somete", ¿está siendo una "ayuda adecuada" para él? ¿O simplemente está siendo permisiva con él?

Recientemente, leí la historia de una mujer que estuvo casada con un alcohólico durante cincuenta años. Fue un matrimonio difícil, lleno de problemas y con muy poco afecto. A sus hijos no les fue bien. Pero esta mujer alabó a Dios por darle la fuerza para mantener a su familia bajo un mismo techo, someterse a su esposo y dejarlo ser la cabeza.

Esto me entristeció, porque me pregunté: *¿Y si Dios quería que ella utilizara las consecuencias de los actos de su esposo para ayudarlo a dejar de beber?* Ella le estaba permitiendo escapar de las consecuencias de sus actos, solucionando los problemas que él ocasionaba. Tal y como lo leímos en la historia de Adeline en el pensamiento #4, sobre poner límites, algunas veces necesitamos dejar que nuestros esposos cosechen lo que siembren. Es maravilloso que esta mujer mayor aprendiera paciencia, misericordia y confianza en Dios. Pero parece que su familia pagó un precio muy alto.

PASO DE ACCIÓN: Si a usted le preocupa que su esposo esté desarrollando un mal hábito o un pecado en particular, escoja uno de los libros sobre los límites en el matrimonio que aparecen en el apéndice y léalo en oración para ver si necesita realizar algunos cambios.

Sumisión tiene que ver con unidad

Parte del problema de ver la sumisión desde la perspectiva de la toma de decisiones es que hacemos que se vea demasiado *pequeña*. La vida cristiana se basa en servir y hacer realidad los propósitos de Dios en nuestras vidas diarias. ¿No debería la sumisión ser igual, algo que hacemos a diario y no una vez cada cuarenta años, como hizo mi amiga Sharol?

En la mayoría de las bodas se lee Génesis 2:24: "Por eso el hombre deja a su padre y a su madre, y se une a su mujer, y los dos se funden en un solo ser". El deseo de Dios para nosotros no es una relación de poder, donde una persona hace lo que quiere, ¡es una verdadera unidad! Y pienso que la sumisión—"colocarnos debajo" de nuestros esposos y voluntariamente buscar lo mejor para ellos—es la herramienta primordial para alcanzar esta unidad. En la humildad, voluntariamente pensamos en sus necesidades, sus deseos, sus intereses, sus anhelos, antes de pensar en los nuestros. Buscamos lo mejor para ellos antes de buscar nuestro propio bien. Creo que esta es una orden superior al "en caso de empate, él gana". No es solo sujetarnos a ellos. Invertimos emocional y físicamente para edificarlos y buscamos lo mejor para ellos. Esto se me parece más a la naturaleza del evangelio. Servimos, amamos, mostramos misericordia. Y nuestro esposo también nos sirve, mientras nos ama como Cristo amó a la iglesia, incluso mientras aman a sus propios cuerpos.

Hemos mencionado a Miqueas 6:8 como un versículo amplio para el matrimonio, que habla de practicar la justicia y amar la misericordia. Pero la última parte del versículo también es fundamental: humillarnos ante nuestro Dios. Esa humillación es la clave de la sumisión. La humildad dice: *No voy a buscar satisfacer solamente mis propias necesidades; quiero satisfacer las tuyas también.*

Durante los primeros años de mi matrimonio, no me estaba sometiendo porque estaba concentrada casi completamente en mi propio sufrimiento. Con el tiempo, me di cuenta de que necesitaba cambiar y comunicarme con mi esposo. Pero cambiar nuestra forma de pensar es difícil. Requiere práctica. Cada día, mientras iba camino a casa después de mis clases en la universidad y me preparaba para ver a mi esposo, me obligaba a pensar: *¿Cómo puedo apoyar a Keith esta noche? ¿Qué necesita él de mí? ¿Puedo hacer la cena yo sola para que él pueda* *estudiar? ¿Puedo hacerle algunas diligencias?* Y, por supuesto, siempre pensaba: *Trata de ponerte de buen humor desde ya.*

En realidad yo no quería pensar en esas cosas. Yo simplemente quería llegar a casa, acostarme y leer un libro. Pero tenía que habituarme a que, cuando entrara por la puerta, lo primero que pensara fuera en Keith.

Hoy en día las puertas se han convertido en mi señal de "poner a Keith de primero" en nuestro matrimonio. Antes solía hablar conmigo misma sobre cómo poner a Keith primero mientras iba camino a casa. Ahora normalmente soy yo la que está en casa y Keith es el que llega. Pero escucho sus llaves y, si no tengo una cacerola hirviendo en la cocina, corro a la puerta a darle un beso y preguntarle cómo estuvo su día. Me dedico a él y me aseguro de que cuando llegue a casa, aunque sea tarde o haya tenido un mal día, esos primeros instantes sean para él, y no para mí. Es una práctica diaria de poner sus necesidades delante que las mías.

PASO DE ACCIÓN: Encuentre hoy una manera específica y práctica en la que pueda "ponerse por debajo de" su esposo. Tal vez sea pasar tiempo con él, en lugar de realizar los quehaceres de la casa, tal vez sea cocinarle su comida favorita, o quizás pueda ver un partido en la televisión con él. Entrénese a sí misma para pensar: *¿Cómo puedo atender a mi esposo hoy?*

¿Y qué pasa con el liderazgo espiritual de mi esposo?

No podía terminar este capítulo sobre la sumisión sin responder a la interrogante sobre el liderazgo en la vida espiritual. Una lectora me envió esta pregunta por correo electrónico:

> "Amo a mi esposo. Es un buen hombre, excelente padre y proveedor responsable. Pero *no* es un líder espiritual. Hemos estado casados durante cinco años. He orado todo este tiempo para que el pueda dar ese paso. Él asiste a la iglesia conmigo y

> menciona cosas de la Biblia quizás un par de veces al año. He intentado hablar con él sobre esto, pero siempre se pone a la defensiva y dice que es un incapaz. He intentado empujarlo hacia la dirección correcta. He tratado dejándolo solo y simplemente orando. No me siento bien tomando su lugar como líder de nuestra familia (de los niños). A veces refreno mi crecimiento en mi camino espiritual porque no quiero ser la cristiana "más fuerte". Estoy exhausta y quebrantada. ¿Cómo puedo inspirarlo a liderar?

Nada reemplaza el conocimiento de la Palabra de Dios, y orar juntos como pareja definitivamente une. Sin embargo, algunas veces nuestras expectativas sobre cómo debería ser esto lo que causan es separación, ¡y entonces hacemos lo opuesto a someternos! En lugar de actuar con humildad, empezamos a juzgar con dureza.

> **CREENCIA POPULAR:** Si quieren mantenerse juntos, deben orar juntos como pareja y como familia. Él tiene que dar un paso adelante y ser el líder espiritual, para que así puedan orar juntos y leer la Biblia juntos. Si no, nunca se sentirán cerca.

Esto es lo que mi lectora parecía estar esperando, pero permitió que esas expectativas abrieran una brecha entre ella y su esposo.

Permítame contarle sobre otra pareja que conozco. El esposo es un tipo al que le gustan las actividades al aire libre. Trabaja en una oficina, lo cual es terrible para él, aunque produce buen dinero para mantener a su familia. Cada vez que puede, da un paseo en canoa o en kayak y se lleva a los niños con él. Su esposa muy rara vez va.

Sus tres hijos participan en actividades de la iglesia, y él es voluntario en las actividades más dinámicas (el club deportivo de los niños, por ejemplo). Él va de traje todos los domingos a la iglesia, impecable. Saluda a la gente. Organiza fiestas el día del Súper Tazón. A pesar de todo eso, su esposa luce infeliz. Ella les ha confesado a sus amigos que él nunca ha orado o liderado espiritualmente a la familia. Ella siente que tiene toda la responsabilidad espiritual de su familia sobre sus hombros, y está resentida por eso. Ella quiere someterse, ¡pero siente que no hay nada por lo cual someterse!

Me pregunto si la idea que ella tiene de lo que es ser un líder espiritual y la idea que él tiene de lo que es ser un líder espiritual son dos cosas diferentes. Él es un padre involucrado. Se asegura de que sus hijos estén en la iglesia. Pero su forma de experimentar a Dios es al aire libre, no sentándose a la mesa en la noche para leer un pasaje de las Escrituras y discutirlo.

Cuando decimos "líder espiritual", a menudo nos imaginamos a un padre que llama a la familia a reunirse para dirigir "las oraciones familiares". Lo que no entendemos, es que algunos hombres prefieren demostrar su fe a través de las cosas que hacen diariamente. Esto no es necesariamente incorrecto, solo diferente.

Mi amigo Derek tampoco es el tipo de padre de "sentémonos a la mesa y leamos la Biblia". Pero es una persona espiritual. Piensa profundamente en las cosas que pasan, ora por sus hijos durante sus largos viajes diarios al trabajo, y habla con sus compañeros de trabajo sobre Dios. Sus momentos más espirituales con sus hijos, sin embargo, no involucran una Biblia. Con frecuencia involucran un rifle, trajes camuflados y un escondite de cacería. Y mientras está agazapado allí, esperando con alguno de sus hijos durante horas, hablan serenamente de la vida y el amor, y él comparte su sabiduría. Sus hijos aprenden sobre lo que es ser un hombre de Dios.

¿Y si de todas maneras él no es un líder espiritual?

¿Y si su esposo no va a la iglesia en lo absoluto? ¿Qué pasa si él no es un líder espiritual en ningún sentido?

Si su esposo no quiere ir a la iglesia, eso no quiere decir que usted tampoco pueda ir. Si su esposo no está interesado en unirse a un grupo de estudio bíblico y crecer más en su fe (al menos así es como usted lo ve), eso no significa que usted tampoco puede hacerlo.

La verdad, no sé por qué creemos que el esposo debe ser el creyente más fuerte de la casa. "Líder espiritual" simplemente quiere decir que él marca la pauta para la familia y que, en definitiva, es responsable ante Dios por el estado espiritual de su familia. No quiere decir que si usted ha memorizado más Escrituras que él, o que si usted conoce la Biblia mejor que él, entonces su familia está fuera del plan de Dios.

Refrenarnos porque nuestros esposos no están avanzando en su recorrido espiritual es una manera equivocada de ver la vida cristiana y una manera equivocada de ejecutar los roles cristianos en el matrimonio. Cada uno de nosotros somos responsables individualmente ante Dios. Y si nos acercamos a Dios, ¡de todas maneras aprenderemos como amar mejor a nuestros esposos!

¿Y qué podemos decir de la guía espiritual de los niños? La bloguera Jen Wilkin compara el papel del líder espiritual con su rutina diaria de llevar a sus hijos al colegio. Cada día los lleva caminando hasta la esquina donde un guardia de cruces, con un chaleco anaranjado y una gran señal de alto, los lleva de forma segura hasta el otro lado de la calle. Jen pregunta:

> Digamos por un momento que la persona que hace la guardia para ayudar a cruzar a los niños una mañana decide no cumplir con su deber. Digamos que esta persona me ve venir con mis pequeños, pero decide quedarse en su silla, revisando su Instagram. Digamos que le pido que ayude a los niños a cruzar en la intersección, pero ignora mi solicitud. ¿Qué debo hacer? No tengo un chaleco anaranjado ni una señal de alto. No conozco las pautas del tránsito como ella. ¿Debería darme la vuelta y decirles a mis hijos: "Bueno, que tengan buena suerte. ¡Oraré para que lleguen a salvo al otro lado!"?

Por supuesto que no. Debo hacer lo que ella no quiere hacer. Debo esperar que se abra un claro en el tráfico y ayudar a cruzar a mis hijos a salvo hasta el otro lado de la calle. Debo someterme a una autoridad superior a la del guardia de cruces, en el interés por hacer lo que es seguro y correcto.[9]

En todo, nuestra sumisión definitiva es hacia Dios. Nos sometemos "como al Señor" (Ef. 5:22). Cuando dirigimos a nuestros hijos hacia Dios, estamos demostrando obediencia hacia Él. Cuando buscamos lo mejor para nuestro esposo, lo hacemos en honor a Dios. Cuando nos rehusamos a seguir a nuestro esposo hacia el pecado, estamos honrando a Dios. Y cuando seguimos gozosas a nuestro esposo a donde Dios lo está guiando, lo hacemos también para seguir a Dios.

Permítame finalizar con las palabras de Pablo que hablan de cómo construir un matrimonio feliz y unido. En Colosenses 3:12–15, Pablo escribió:

> "Por lo tanto, como escogidos de Dios, santos y amados, revístanse de afecto entrañable y de bondad, humildad, amabilidad y paciencia, de modo que se toleren unos a otros y se perdonen si alguno tiene queja contra otro. Así como el Señor los perdonó, perdonen también ustedes. Por encima de todo, vístanse de amor, que es el vínculo perfecto. Que gobierne en sus corazones la paz de Cristo, a la cual fueron llamados en un solo cuerpo. Y sean agradecidos".

No puedo pensar en una receta mejor que esa para alcanzar la unidad.

RESUMEN DE LOS PASOS DE ACCIÓN

1. Ore sobre la dirección a la cual Dios está guiando a su esposo. Pregúntele a Dios: "¿Cómo puedo apoyar de forma tangible a mi esposo en ese aspecto?".

2. Haga una evaluación cuidadosa en su matrimonio. Asigne las tareas basándose en las habilidades y preferencias, y no solo en el género.

3. Si usted siente que está permitiendo malos comportamientos, lea en oración uno de los libros sobre los límites que aparecen en el apéndice y ponga en práctica lo que aprenda.

4. Encuentre una manera práctica de poner cada día las necesidades y preferencias de su esposo en primer lugar.

Pensamiento #6

Estoy llamada a ser una pacificadora, no una mediadora

El año pasado, Leslie y Jim tuvieron que hipotecar su casa por segunda vez para cubrir las facturas de las tarjetas de crédito, y Leslie entró en pánico porque acababan de recibir una notificación de que cortarían la electricidad en dos semanas si no pagaban la factura. Leslie no estaba segura de cuál era el total de su deuda, o si tenían dinero suficiente en el banco para evitar que les apagaran las luces.

"He tratado de hablar con Jim sobre esto, y le ofrecí hacerme cargo de las finanzas, pero él siempre se enoja y explota. Así que estoy aprendiendo a quedarme callada y ser amable y confiar en que Dios traerá una solución", explicó Leslie. Leslie sabía más sobre dinero y manejo de deudas, pero decirle a Jim que dejara de hacerse cargo de las finanzas equivalía a que le dijeran que no era hombre. Así que nada mejoró nunca.

"Al menos no peleamos por eso —decía Leslie—. Él solo se queda callado cuando peleamos. Así que decidí dejar el asunto en manos de Dios". Leslie estaba manteniendo la paz.

CREENCIA POPULAR: Pelear envenena su matrimonio. Trate de estar en paz. Evite los conflictos a cualquier costo.

Eso podrá sonar muy sabio, pero vamos a analizarlo por partes. ¿Qué significa vivir en paz? Según los Acuerdos del Camp David de 1979, Egipto e Israel están técnicamente, en paz. Pero a muchos egipcios les gustaría romper ese tratado en pedacitos. ¿Se están disparando unos a otros? No. Pero, ¿hay paz?

PENSAMIENTO #6: Estoy llamada a ser una pacificadora, no una mediadora.

En contraste, veamos lo que ocurre entre Canadá (donde yo vivo) y Estados Unidos. Compartimos una cultura en común y estamos de acuerdo en los aspectos básicos. Tenemos tratados de comercio. Tenemos acuerdos militares. Los estados del norte incluso importan nuestro Tim Hortons, el cual es un café muchísimo mejor que el de Dunkin' Donuts. ¡Somos amigos!

Eso es paz.

Buscar la paz no significa evitar los conflictos

El Salmo 34:14 dice: "Busquen la paz y síganla". Buscar la paz no significa evitar los conflictos, como en el caso de los israelíes y los egipcios, o incluso, creo, en el de Jim y Leslie. Significa buscar una relación que se caracterice por la buena voluntad y el entendimiento mutuo.

Cuando Jesús se estaba preparando para la crucifixión, oró por sus discípulos (y por todos los que habríamos de venir después). Una de sus oraciones, en Juan 17, dice así: "No ruego solo por estos. Ruego también por los que han de creer en mí por el mensaje de ellos, para que todos sean uno. Padre, así como tú estás en mí y yo en ti, permite que ellos también estén en nosotros, para que el mundo crea que tú me has enviado" (vv. 20–21).

El deseo de Dios siempre es crear unidad.

Pero eso suena un poco vago, ¿verdad? ¿Cómo podemos ser "uno"? Quizás si leemos Corintios 1:10, tendremos una imagen más clara. El apóstol Pablo escribió: "Les suplico, hermanos, en el nombre de nuestro Señor Jesucristo, que todos vivan en armonía y que no haya divisiones entre ustedes, sino que se mantengan *unidos en un mismo pensar y en un mismo propósito*".

Es por ello que intentar la estrategia de evitar los conflictos no los elimina. En realidad, no están llegando a un acuerdo, sino que acuerdan no estar en desacuerdo. Antes de la Guerra Civil de Estados Unidos, los políticos habían estado tratando de evitar los conflictos durante décadas. Habían alcanzado todo tipo de acuerdos sobre cuáles estados podían tener esclavos y lo que harían con los esclavos fugitivos, o con los nuevos territorios. Y nada de eso funcionó, porque los estados no estaban unidos en verdad. ¿Cómo podemos forjar paz verdadera, cuando no estamos de acuerdo en cosas que son tan fundamentales?

Así que, ¿qué es lo que Dios quiere que hagamos? Es simple. Jesús dijo: "Dichosos los que trabajan por la paz, porque serán llamados hijos de Dios" (Mt. 5:9). Los que realmente construyen la paz están cerca del corazón de Dios, tanto, que Él los llama familia. Hacer la paz significa avanzar en un conflicto hasta que podamos llegar al otro lado, donde podemos estar unidos con Dios. Nos entendemos unos a otros. Nos sentimos en intimidad. Nos sentimos como uno.

Evitar el conflicto no es lo mismo.

Cuando los apóstoles Pablo y Pedro no estaban unidos en un mismo pensar y en un mismo propósito, hablaron del asunto y al final hicieron las paces. El escenario fue Antioquía, donde Pablo permaneció mucho tiempo luego de su conversión inicial. Pablo había sido el fariseo más estricto de todos, el que seguía con mayor rigor el libro de la ley. Pero cuando tuvo un encuentro con Cristo, una de las primeras cosas de las que se dio cuenta fue de lo importante que era el evangelio para la reconciliación. Significaba romper las paredes divisorias, y eso implicaba que judíos y gentiles eran ahora un solo pueblo.

Pedro estuvo de acuerdo con eso. Después de todo, había tenido la visión de la sábana que contenía todos los animales impuros y había escuchado que Dios le decía que podía comerlos, aunque los judíos nunca habían ingerido esos animales.[1] Y luego Pedro compartió el evangelio con Cornelio, un gentil.

Pero cuando Pedro visitó a Pablo en Antioquía, dejó de comer con gentiles y solo comía con judíos. Y como Pedro escribió en Gálatas 2:11–14, Pablo llamó a Pedro a capítulo por su hipocresía. La reprensión de Pablo obviamente tuvo su efecto, porque cuando el Consejo de Jerusalén habló sobre este tema unos años más tarde, fue Pedro quien presentó a Pablo y a Bernabé y quien exhortó a los judíos cristianos a prestarles atención (Hch. 15:1–21). Pablo y Pedro habían hecho las paces. Eran de un solo pensamiento, estaban del mismo lado.

Pero esa paz solo fue posible porque ellos hablaron de eso. Si uno de ellos hubiera dicho: "Tú tienes la autoridad aquí, así que no diré nada, aunque no esté de acuerdo", nunca habrían alcanzado tal unidad.

A veces, el camino a la paz debe pasar por el conflicto. Dos personas no siempre estarán de acuerdo en todo, y cuando dos personas diferentes, con antecedentes y expectativas diferentes—¡por no decir géneros diferentes!—se unen en matrimonio, siempre habrá fricción. Pero cuando trabajamos estas cosas y tratamos de crear una unidad, comenzamos a entendernos mejor. Salimos un poco de nosotros mismos y somos más afectuosos.

Eso es exactamente lo que Jesús quiere que hagamos: que seamos más como Él.

El conflicto es bueno para el matrimonio

Es por eso que el conflicto, en realidad, puede ser bueno para el matrimonio. Una vez conocí a un pastor muy talentoso, pero también muy testarudo, que me dijo con orgullo que él y su esposa nunca habían peleado durante cuarenta años. Miré a la dulce y callada mujer, preguntándome si eso sería algo bueno. Quizás él quiso decir que nunca se habían levantado la voz, pero dada su propensión a levantar la voz en el púlpito, eso parecía poco probable. Más probable parecía que su esposa se había guardado todas sus opiniones.

Ella seguramente estaba siguiendo el "principio de la sujeción". Me lo han explicado en retiros de mujeres y lo he leído en blogs de matrimonio y maternidad, y es algo como esto:

CREENCIA POPULAR: Si estás enojada con tu cónyuge, manifiesta tu opinión, pero luego "sujétate" y apártate del camino, para que Dios pueda ser quien reprenda a tu esposo, no tú.

Recuerdo una conferencia donde se nos dieron unos marcadores de papel para que los pusiéramos entre las páginas de nuestra Biblia. Debían servir de recordatorio de que no era nuestro trabajo señalar los errores que cometen nuestros esposos, sino el trabajo de Dios. Nosotras debíamos "orar y apartarnos del camino".

Leslie había aprendido muy bien eso de la sujeción. Ella era como un patito salvaje, que se veían muy pacífica por fuera, pero bajo la superficie sus patitas chapoteaban frenéticamente, esperando a ver qué ocurriría. Después de todo, ella se había sujetado. ¡Así que ahora Dios podía cachetear a su esposo!

Pero veámoslo desde otro ángulo. Si la verdad de Dios es atemporal, como efectivamente creo que es, deberíamos esperar que las cosas que Dios quiere también nos lleven a disfrutar de relaciones mejores y más saludables. Así que si lo más sano es simplemente "sujetarse" y no expresar el desacuerdo, los estudios demostrarían que los mejores matrimonios son aquellos en los cuales hay pocas o ninguna pelea. En realidad, los estudios demuestran lo contrario. Cuando Ernest Harburg de la Universidad de Michigan realizó estudios sobre lo que hace un matrimonio saludable, él y sus colegas descubrieron que las parejas que expresaban su enojo duraban más que aquellas que lo suprimían.[2]

Las parejas más saludables no son aquellas en las que la esposa expresa su opinión una vez y luego se sujeta, o peor aun, que nunca llega a expresar su opinión. No, las parejas más felices son aquellas que luchan con los problemas y no se detienen hasta que reconstruyen la intimidad, la confianza y la cercanía. De hecho, solucionar los conflictos contribuye con el crecimiento de individuos más saludables en general, ya que las personas que suprimen los conflictos, en realidad mueren más jóvenes. Así que construir la paz no es bueno solo para el matrimonio, ¡también es bueno para el corazón!

Ahora, hay formas saludables y no saludables de pelear. Ciertamente no estoy diciendo que pelear por pelear, decirse palabras ofensivas o manipular sea bueno para el matrimonio. Eso es lo que Harburg halló en su estudio. ¿Manejar bien nuestra ira? Enormes beneficios. ¿Gritar y hacer berrinches? No mucho.

Tener conflictos y pelear no es lo mismo

Cuando algunos escuchamos la palabra "conflicto", nos imaginamos automáticamente una pelea ruidosa.

Leslie creció en un hogar abusivo, donde con frecuencia se emborrachaban, gritaban y arrojaban cosas. Aprendió a convertirse en la "niña perfecta" que nunca hacía nada que pudiera desencadenar inadvertidamente una pelea. Para Leslie, la ira y el desacuerdo son cosas que la atemorizan. Así que ella hace todo lo posible para asegurarse de que su esposo no se enoje.

Muy pocas personas han crecido viendo una resolución de conflictos saludable, así que no es de sorprender que muchos de nosotros asociemos conflicto con gritos, peleas y amenazas a la relación. Pero conflicto simplemente significa que dos personas tienen puntos de vista diferentes. El conflicto no tiene por qué incluir gritos (en realidad no debería). A veces, el conflicto puede avivarse; nadie es perfecto; y cuando estamos enojados es probable que digamos las cosas de una manera que no es particularmente útil. Pero aunque decirse cosas hirientes y gritar es malo, expresar el desacuerdo es en realidad bueno para el matrimonio.

PASO DE ACCIÓN: Recuerde su niñez. ¿Qué tipo de solución de conflictos presenció? ¿Fue la ira una emoción que usted deseaba evitar porque le producía temor, o los conflictos se manejaban correctamente? Si puede, piense en un conflicto en particular que haya ocurrido en su niñez, y escriba como sus padres o padrastros reaccionaron. Ahora compárelo con la forma en que usted reacciona hoy.

A Ruth Bell Graham, la esposa del famoso evangelista Billy, le gustaba decir: "Si dos personas están de acuerdo en todo, una de ellas es innecesaria".[3] Ese choque de ideas y perspectivas nos ayuda a refinarnos, y es por ello que el conflicto puede convertirse en una bendición para su matrimonio. Si los dos siempre están de acuerdo, no existirá eso de que "el hierro se afila con el hierro" (ver Pr. 27:17).

Cuando mi esposo y yo nos casamos, mi tía y mi tío nos regalaron tres magníficos cuchillos de cocina. Yo nunca había usado cuchillos de calidad anteriormente, y la primera vez que corté zanahorias con ellos me maravillé de lo rápido que podía picarlas. Pero luego de dos décadas, o mis reflejos comenzaron a hacerse más lentos, o los cuchillos comenzaron a desgastarse, porque ya las zanahorias no se cortaban tan rápido como antes. En mi último cumpleaños, le dije a Keith que me gustaría tener unos cuchillos nuevos.

Un sábado antes de salir de compras, Keith se puso a hurgar en la gaveta de las cosas que no se usan en la cocina, y de repente sacó un objeto cilíndrico puntiagudo.

"¿Qué es esto?", me preguntó.

Yo traté de acordarme, hasta que di que era un amolador de cuchillos.

"¡Genial!", dijo Keith, e inmediatamente los probó. Y oh, ¡sorpresa! ¡Ya podía cortar zanahorias en dados otra vez! Solo hacía falta afilar los cuchillos, y la única manera de hacerlo era frotándolos contra otro metal. Déjelos igual, sin fricción y los cuchillos se volverán mucho menos útiles. Necesitamos afilarnos unos a otros.

Desafortunadamente, muchas esposas prefieren tragarse sus emociones, pensando que de esa manera están respetando a sus esposos y promoviendo la paz. Pero ese no es siempre el mejor proceder. De hecho, diría que *raramente* es el mejor proceder. Hay momentos en los que es mejor dejar pasar las cosas (como lo veremos en el Pensamiento #7), pero usualmente una dosis saludable de conflicto es lo mejor para todos.

¿Cómo podemos tener "el mismo pensar" con alguien que no conoce nuestras intenciones? Si nos guardamos las cosas pensando que eso nos convierte en mejores esposas, es probable que estemos actuando directamente contra la intimidad.

PASO DE ACCIÓN: ¡Practique demostrar sus sentimientos! Si tiende a guardarse todo durante los conflictos, si tiene miedo de expresarse, cuando se encuentre en un grupo, trate de decir su opinión. Tal vez sea un grupo pequeño, o en el trabajo, o en una reunión de junta. Antes de que alguien diga algo, ¡hable usted!

Promueva la paz: dos maneras de resolver conflictos

Volvamos a la historia de Leslie y veamos dos maneras de resolver los conflictos en acción: una es evitar el conflicto y la otra es construir la paz.

Reaccionar evitando el conflicto

Leslie escogió reaccionar ante Jim evitando el conflicto. Ella "se sujetó". Se dijo a sí misma: *Jim es el líder en nuestra relación. Tengo que darle espacio para manejar las finanzas sin regañarlo. Tengo que apartarme, ponerlo en manos de Dios y dejar de preocuparme.*

Así que le dijo a Jim: "Lo siento, cariño, no era mi intención presionarte tanto. Sé que trabajas duro por nuestra familia. Sé que cuidas de nosotros. Te respeto, te amo, y sé que siempre proveerás para nosotros y nos cuidarás. No me preocuparé más". Y le dio un beso y se fue. Respiró profundo y le dio gracias a Dios de que su familia estuviera en sus manos y de que él siempre cuidaría de ellos.

¿Construyó ella la paz? Sí, después de todo, se olvidó de todo el asunto. Lanzó la pelota en la cancha de Jim, y no le exigió que hiciera nada más. La cuenta de la luz estaba pagada, pero aún había otras cuentas pendientes. Y ella aún no tenía idea de su situación financiera real. Asimismo, Jim sabía que su esposa había dicho que ella no lo molestaría, pero también sabía que él no había provisto y que las finanzas eran un desastre. Por eso, él aún estaba a la defensiva, ella aún se sentía ansiosa, y no había paz entre ellos.

Reaccionar construyendo la paz

Cuando reaccionamos construyendo la paz, la meta es comprendernos mutuamente y trabajar juntos en el problema, para poder acercarnos más. Desafortunadamente, esta no fue la manera que Leslie escogió, pero Lily sí lo hizo.

En su blog, *The Respect Dare [El reto del respeto]*, la autora Nina Roesner compartió la historia de una mujer desconocida a la que voy a llamar "Lily", que estaba en la misma situación de Leslie, pero que se dio cuenta de que construir la paz era más importante que mantener la paz.

Lily se había estado comportando como Leslie: trató de respetar a su esposo y lo dejó tomar el liderazgo. Pero en el caso de Lily, realmente les cortaron la electricidad. Su esposo no estaba manejando las finanzas con responsabilidad. Lily creía que la mejor manera de honrar a su esposo era que ella voluntariamente lo dejara tomar el control de las finanzas. Lamentablemente, él no las estaba manejando bien, y toda la familia sufría las consecuencias.

Cuando les cortaron la electricidad, Lily llegó a un punto crítico. Finalmente se dio cuenta de que debía dejarlo sufrir las consecuencias por su comportamiento. Dijo: "la verdad era que su falta de juicio, su inmadurez y su insensatez, estaba afectándonos a los niños y a mí. Yo se lo había estado ocultando en aras de ser una 'buena' esposa. Evité reclamárselo porque no quería herir sus sentimientos. Él tomó ventaja de mí, y se lo permití, y me di cuenta de que no estaba siendo buena, más bien estaba siendo AMABLE".[4]

Una buena esposa se preocupa por lo mismo por lo que se preocupa Dios: el carácter de su esposo. Si una esposa tapa las faltas del marido solo porque quiere ser amable, entonces está alterando la "ley de cosechar lo que sembramos", como hizo Adeline en la historia que contamos en el Pensamiento #4.

Una mujer en la situación de Lily pudiera tener que decirle a su esposo: "Te amo, pero no puedes continuar poniéndonos en este riesgo financiero. Quisiera hacerme cargo de las finanzas, si tú aceptas. Pero si tú quieres seguir manejándolas, debo decirte que si no pagas las cuentas y el estado de nuestra casa se torna riesgosa, buscaré un sitio seguro donde vivir para mí y para los niños, mientras esto se resuelve".

Algunas veces nos enfocamos tanto en no provocar ningún conflicto o en someternos a nuestros esposos, o en ser "amables", que en realidad estamos actuando directamente en contra de la edificación de la intimidad o de nuestro deseo de ser "buenas".

Una esposa que mantiene la paz simplemente evade el conflicto. Cuando hay un desacuerdo, retrocede. Una esposa que construye la paz apunta a un objetivo mucho mayor: quiere la reconciliación. Y la reconciliación es activa, no pasiva.

PASO DE ACCIÓN: Junto a su esposo, decida cuáles serán sus "reglas en el conflicto". Algunos ejemplos pueden ser: no irse de la casa durante un desacuerdo; no discutir en frente de los niños; darse media hora para pensar y orar antes de hablar; orar primero.

En el Pensamiento #7 daré algunas directrices prácticas sobre cómo resolver un conflicto de forma saludable. Después de todo, no todos los desacuerdos son tan serios como el de Leslie y Jim, o el de Lily. Con mucha frecuencia, nuestros conflictos son menos graves, como sentimientos lastimados, malos entendidos, y agendas ocupadas. Algunos de nosotros, sin embargo, estamos atravesando por conflictos realmente difíciles donde se ha cometido un pecado grave.

Su cónyuge está haciendo algo que pone el matrimonio en peligro, o su propia alma. Veamos ahora cómo construir la paz en estas situaciones difíciles.

Construir la paz resolviendo conflictos cuando se han cometido pecados graves

Recientemente escuché la historia de una mujer cuyo esposo había sido adicto a la pornografía durante años. Habían recibido asesoría y él había prometido dejarlo, pero no lo hizo. Finalmente, ella habló con algunas personas selectas de su círculo más íntimo y con las personas de más edad en su iglesia. Los mayores confrontaron al esposo y le dijeron que ellos apoyaban una separación. Los miembros del círculo de allegados ayudaron a la esposa a empacar sus cosas y a encontrar un apartamento. La pareja no se había divorciado, se había separado. Pero ella había intentado todo y no había funcionado, y ahora su iglesia la apoyaba para que pusiera a su esposo en una situación donde tenía que escoger: *¿Haré lo correcto y seguiré a Dios, le daré la espalda?*

Justo después de leer esta historia, recibí este otro correo electrónico, de otra persona:

> "Descubrí el escondite de pornografía de mi esposo pocos meses después de casarnos. Lo enfrenté, y me dijo que lo dejaría, pero nunca lo hizo. A los pocos meses lo sorprendía viendo algo, o encontraba algo en su computadora.
>
> Casi nunca teníamos sexo, porque él prefería la pornografía en vez de estar conmigo. Yo lloraba y gritaba, y él me prometía que mejoraría, pero nunca mejoró. Él es un tipo inteligente y ha tenido buenos empleos, pero fue despedido de uno hace diez años por ver pornografía en la computadora del trabajo. Hace dos meses fue despedido de un excelente empleo porque registró cargos por llamadas a líneas de pornografía en el teléfono que la compañía le había asignado.
>
> Estoy aprendiendo a ser cortés y paciente y a amar a mi esposo, incluso cuando parece imposible hacerlo. Lo que me entristece, sin embargo, es que básicamente nunca hemos tenido vida sexual, y por eso no tenemos hijos. Ya estoy cerca de mis

cuarenta años y temo que ya sea muy tarde. Pero sigo orando: "Dios, un día a la vez. Muéstrame que soy digna de ser amada". Y Dios siempre lo hace.

Dos historias sobre adicción a la pornografía que duraron décadas. ¿Cuál mujer utilizó el método de construir la paz: la que decidió confrontar el pecado y separarse, o la que se enfoca en aprender a tener paciencia a diario mientras hace muy poco por ayudar su esposo en su pecado?

Algunas veces creemos que estamos haciendo el trabajo espiritual sujetándonos y "dejándoselo a Dios", pero, ¿y si lo que Dios quiere es que utilicemos las herramientas y acciones que Él ha dispuesto para nosotros? Someterse significa anteponer el bienestar del otro, y eso incluye el bienestar espiritual. Si retrocedemos y esperamos que Dios condene a nuestro esposo, ¿estamos buscando la paz, o estamos utilizando argumentos teológicos para eludir el difícil trabajo de construir la paz?

CREENCIA POPULAR: El papel de la mujer es "ganarse a su esposo sin palabras". Su trabajo no es corregirlo; es ser un ejemplo de rectitud que lo hará dirigirse a Dios.

Algunas mujeres que comentan en mi blog sugieren que la Biblia dice que las mujeres que sufren abuso verbal deben "ganarse a su esposo sin palabras" (¡Sinceramente, suelo borrar esos comentarios!) Otras han sugerido que sea cual sea el pecado de un esposo, la estrategia de Dios para con las esposas es que sean ejemplos brillantes y callados. Ellas se refieren a 1 Pedro 3:1–2, donde Pedro les dice a las mujeres: "Sométanse a sus esposos, de modo que si algunos de ellos no creen en la palabra, puedan ser ganados más por el comportamiento de ustedes que por sus palabras, al observar su conducta íntegra y respetuosa". Estos versículos, sin embargo, no tienen nada que ver con los conflictos. "Ganárselo sin palabras" se refiere a ganarse a un no creyente para Cristo, no a hacer que alguien deje de tomar malas decisiones, o deje de ser abusivo.

Aun así, muy a menudo veo que las mujeres, a quienes de por sí no les gustan los conflictos, usan estos versículos como una excusa para eludir las necesarias conversaciones. Ocultar los pecados no ayuda a nadie a crecer espiritualmente; al contrario, permite que el pecado crezca. Es por eso que la creencia popular cristiana, con frecuencia, también resulta contraproducente:

> **CREENCIA POPULAR:** Entréguele sus problemas a Dios. Déjelos al pie de la cruz, y Dios se encargará de ellos.

"Déjelos al pie de la cruz" da a entender que estamos ejercitando la confianza, pero a veces dar un salto de fe demuestra mayor confianza que retroceder y no hacer nada. Y dar un salto de fe está intrínsecamente relacionado con construir la paz. Para averiguar la razón de esto, vamos a profundizar un poco en el concepto de "construir la paz". Anteriormente mencioné que esto significaba crear una relación en la que ambos se sintieran como una sola mente, unidos en pensamiento y propósito debajo de Jesús. Ya hemos hablado sobre estar unidos en pensamiento y propósito; ahora quiero ver que significa estar unidos debajo de Jesús.

Hacer de Jesús la base de la unidad matrimonial

Estar unidos en pensamiento y propósito realmente no significa nada si estamos unidos en el pensamiento y el propósito *incorrectos*. Los grupos islámicos terroristas están perfectamente unidos en pensamiento y propósito para atacar a aquellos que no están de acuerdo con su virulenta facción del Islam, pero no nos referimos a ellos como constructores de paz. El personal de las clínicas para abortos también puede estar completamente unido en pensamiento y propósito, pero tampoco los llamaríamos constructores de paz. Lo que importa es a *qué* estamos unidos.

Entonces, ¿qué deberíamos hacer si nuestro esposo está haciendo algo que está poniendo seriamente en peligro su paz con Dios y con su familia? Bueno, Dios nos dice cómo hacerle frente a eso en Mateo 18:15–17:

> "Si tu hermano peca contra ti, ve a solas con él y hazle ver su falta. Si te hace caso, has ganado a tu hermano. Pero si no, lleva contigo a uno o dos más, para que 'todo asunto se resuelva mediante el testimonio de dos o tres testigos'. Si se niega a hacerles caso a ellos, díselo a la iglesia; y si incluso a la iglesia no le hace caso, trátalo como si fuera un incrédulo o un renegado".

Primero, hable con él, si esto no da resultado, vaya y busque a otros dos más para que también hablen con él, y si eso tampoco funciona, hable en la iglesia. De las dos mujeres cuyos esposos estaban involucrados con la pornografía, solo una tomó este camino.

Algunas veces no podemos construir la paz nosotras solas, y Dios lo sabe. Incluso Jesús nos trazó un plan sobre lo qué debemos hacer cuando no podemos ponernos de acuerdo. Debemos apoyarnos en otras personas.

En los primeros versículos de Filipenses 4, este asunto de la "unidad" y la resolución de conflictos aparece de nuevo. Pablo escribió en el versículo 2: "Ruego a Evodia y también a Síntique que se pongan de acuerdo en el Señor". Ahí está esa unidad, en pensamiento y propósito, de la que hemos hablado. Pero luego Pablo vuelve y dice en el versículo 3: "Y a ti, mi fiel compañero, te pido que *ayudes a estas mujeres* que han luchado a mi lado en la obra del evangelio". Algunas veces necesitamos a otras personas para que nos ayuden a construir la paz y a alcanzar la unidad.

¿Piensa usted que la Biblia dice que esto aplica para cada relación *excepto* para el matrimonio? ¿Acaso Dios dijo: "Trabaje para resolver sus conflictos con la gente, enfrente los problemas; a menos, claro, que usted sea mujer, entonces debe hacer esto con absolutamente todo el mundo, *excepto* con su esposo"? ¡Por supuesto que no! Dios nos ha dado principios para lidiar con los desacuerdos, y algunas veces eso implica involucrar a un tercero.

¿Cuándo debemos involucrar a alguien más?

Todos cometemos pecados. Quizás chismeamos demasiado, o somos orgullosos, o vemos películas inapropiadas. Ciertamente, no estoy diciendo con esto que debemos correr a donde otras personas cada vez que vemos que nuestro esposo está cometiendo un pecado. ¡Imagínese que él haga lo mismo con usted! Pero algunas veces un pecado es tan grande que no debe ser ignorado.

Me temo que en la iglesia sentimos como si no pudiéramos confrontar adecuadamente estos pecados, porque al hacerlo, parece que podríamos arriesgar el matrimonio mismo. Después de todo, ¡Dios detesta el divorcio!

Sí, lo detesta, pero ¿sabe qué es lo que Dios detesta más? Ver gente que arriesga sus almas.

Las iglesias deberían ser lugares donde los heridos encuentren sanación, no donde los heridos encuentren excusas para eludir la sanación. Y aun así, con frecuencia, esto es lo que hacemos. Odiamos tanto al divorcio que ignoramos la otra cara de la moneda: Dios no quiere un ejército de gente herida, lastimada; Él quiere integridad. Cuando un cónyuge está poniendo en peligro su relación con la familia y con Dios, hay que hacer algo. Si no se hace nada, entonces el otro cónyuge está apoyando el pecado.

Sé que pedir ayuda da miedo. Se necesita mucha humildad para contarle a otra persona que nuestro matrimonio es un desastre. Es más difícil aún cuando estamos en un ministerio o nuestro esposo está en un ministerio. Pero no olvidemos el principio general: "¿De qué sirve ganar el mundo entero si se pierde la vida? ¿O qué se puede dar a cambio de la vida?" (Mt. 16:26). Permítame resumir los cinco problemas que veo comúnmente en los matrimonios que necesitan de una intervención externa.

Aventuras extramaritales

Si su esposo está teniendo una aventura, tiene que buscar ayuda. Si él ha estado coqueteando con otras mujeres en redes sociales o buscando una relación emocional con alguien más, tal vez necesita ayuda externa para hablar sobre los problemas y hacer que asuma sus responsabilidades. Y, como recuperarse de una aventura es tan doloroso, usted también necesitará a alguien, quizás un consejero, que la guíe a durante el proceso de sanación.

Abuso

Si su esposo está abusando físicamente de usted, por favor salga de la casa y llame a la policía de una vez. El abuso nunca debe ser tolerado. La sumisión no significa que usted debe permitir que alguien la maltrate. La verdadera sumisión dirige a las personas hacia Dios; no permite el pecado. Pero, ¿qué pasa cuando el abuso no es físico, sino verbal o emocional? Y, ¿cómo podemos diferenciar el abuso verbal de una pelea normal en el matrimonio?

Si usted siente como si caminara constantemente sobre cáscaras de huevo para prevenir que su esposo explote, entonces hay un gran problema en su matrimonio. Si él normalmente le pone apodos, la denigra, o la critica, entonces hay algo que está realmente mal. Desafortunadamente, muchos pastores no saben cómo manejar este tipo de abusos, pero los consejeros a menudo pueden identificarlos. Si usted teme que pueda estar en una situación de abuso, por favor busque a un consejero. También, por favor, revise el apéndice de este libro donde enumero otros medios que la ayudarán a identificar estos tipos de relación.

Adicciones

Las adicciones de cualquier tipo, bien sea financieras, emocionales o físicas, pueden hacer estragos en la capacidad de su esposo para poder estar presente de forma total para la familia. Estamos acostumbradas a escuchar sobre los peligros que plantea la dependencia de sustancias químicas, como el alcohol y las drogas. Sin embargo, la pornografía, los videojuegos, y la adicción al juego, también pueden ser dolorosas. Si siente que su esposo ya no se está desempeñando bien en su vida diaria a causa de su dependencia a algo que altera su estado de ánimo, buscar ayuda es la mejor forma de proceder.

Negación al sexo

¿Es el sexo casi inexistente en su relación? Usualmente cuando es el hombre el que se repliega al sexo, está involucrada la pornografía. Sin embargo, algunas veces, la negativa al sexo se debe a un grave problema sicológico o emocional. Tal vez tenga tendencias homosexuales, tal vez su esposo ha disminuido tanto su sexualidad que se ha vuelto pasivo o asexual. También podría estar avergonzado o desalentado por problemas sexuales como la disfunción eréctil o baja testosterona.

Si un esposo rechaza el sexo, está rechazando específicamente la relación, así como rechazando a una parte de sí mismo. Pablo dijo en 1 Corintios 7:4–5:

> "La mujer ya no tiene derecho sobre su propio cuerpo, sino su esposo. Tampoco el hombre tiene derecho sobre su propio cuerpo, sino su esposa. No se nieguen el uno al otro, a no ser de común acuerdo, y solo durante un tiempo, para dedicarse a la oración. No tarden en volver a unirse nuevamente; de lo contrario, pueden caer en tentación de Satanás, por falta de dominio propio".

El sexo no es una parte opcional del matrimonio, y aun así muchos viven en matrimonios donde no hay sexo, pensando que no hay nada que puedan hacer al respecto.

El rechazo sexual no debe ser ignorado. Una persona que se ha vuelto asexual debe ser confrontada y hay que decirle: "Necesitas buscar consejo o ver a un médico". No hay nada de malo en tener traumas sicológicos o problemas físicos; donde *sí hay* algo malo es en rehusarse a enfrentar estas situaciones.

Riesgos financieros

Recientemente recibí un correo electrónico de una esposa, que decía así:

> "Durante los últimos cuatro años, mi esposo se ha negado a trabajar. Cuando trabajaba, a menudo llamaba para reportarse

enfermo, y siempre estaba buscando la manera de solicitar una incapacitación. Ahora simplemente se queda en la casa, sentado, jugando en la computadora todo el día. Perdimos nuestra casa, y tengo dos trabajos de medio tiempo para tratar de pagar las cuentas, además de mantener la casa limpia y lavar la ropa. ¡Él no trabaja! ¿Qué puedo hacer?".

Un hombre que se niega a proveerle a su familia y que se ha vuelto perezoso también necesita tener cristianos a su lado que lo alienten firmemente a actuar con responsabilidad. Lo mismo ocurre con el esposo que está constantemente metiendo a la familia en deudas por gastar demasiado. Algunas veces, un hombre puede no ser perezoso realmente; puede estar luchando contra una depresión agotadora o un trauma sicológico, lo cual merma su impulso de querer hacer cualquier cosa. Incluso, si la pereza no es el problema, de todas formas es necesario abordar la razón subyacente, por el bienestar de la familia y del esposo.

Si su esposo se está comportando de tal manera que está rechazando una parte fundamental de sí mismo y una parte fundamental de la vida cristiana como el ser responsable, la intimidad sexual o la convivencia, entonces el no hacer nada al respecto le da libertad a él para eludir algún impulso de crecimiento espiritual.

¿A quién debo pedir ayuda?

El pasaje en Mateo 18 no dice: "Dígales a todos sus amigos y pídales su consejo", o "Corra a donde sus padres". Dice que les cuente a dos o tres creyentes, solamente, en primera instancia. Sugiero hablar con un matrimonio que usted respete, que usted sepa que pueden mantener la confidencialidad, y que puedan acudir a su casa y escuchar ambas versiones de la historia y establecer responsabilidades. Lo ideal es un matrimonio porque tendrá a otro hombre que pueda ejercer influencia en su esposo y a una mujer que pueda ayudarla a encontrar una perspectiva saludable. Si esto no es posible o no tiene a quien pedirle ayuda, entonces hable con el pastor o con un consejero.

PASO DE ACCIÓN: **Identifique un matrimonio al que pueda acudir por consejos, y pregúnteles si ellos pueden asesorarla. Incluso antes de que un conflicto comience, consiga un matrimonio que pueda hablar con usted y orar con usted, y así cuando los necesite, usted ya tendrá una relación con ellos.**

En *Rocking the Roles [Equilibrar los roles]*, Robert Lewis cuenta la historia de una intervención en su iglesia. Una mujer estaba casada con un hombre que era irresponsable con las finanzas. Ella estaba trabajando duro para mantener a la familia a flote, pero ya no podía hacerlo más por culpa de los gastos excesivos en los que él incurría.[5]

Los mayores de la iglesia se acercaron al hombre y le dijeron (parafraseo): "Vamos a ayudarte a hacer un presupuesto. Después vas a apegarte a él. Le vas a rendir cuentas a uno de nosotros cada semana hasta que todo esto se resuelva. Y si continúas gastando en exceso, nos vamos a aparecer todos en tu casa con una camioneta de mudanzas y ayudaremos a tu esposa y a tus hijos a establecerse en una casa propia hasta que recuperes el buen juicio".

No estaban abogando por un divorcio, sino diciendo: "Lo que estás haciendo es inaceptable y debes parar. Si no lo haces, tú solo enfrentarás las consecuencias porque ayudaremos a tu esposa a superar esto".

Ahora bien, los ancianos no deben hacer nada tan drástico como esto hasta haber escuchado ambas partes de la historia. Pero una vez que la historia esté clara, si uno de los cónyuges está haciéndole daño constantemente a la familia o se está dañando su propia vida espiritual, entonces se deben tomar acciones para construir la paz debajo de Dios.

Encuentre a alguien que pueda acompañarla durante el proceso de intervención, si es necesario, y alguien que pueda estar al lado de su esposo y proporcionarle las herramientas y la ayuda que necesita para descubrir qué es lo que está llamado a hacer. Sé que esto da miedo. Está alterando el equilibrio, y se siente como si estuviera perturbando la paz. Pero así es como se construye la paz, y es mucho mejor que sujetarse y dejar que los problemas importantes se agraven.

RESUMEN DE LOS PASOS DE ACCIÓN:

1. Piense en algún conflicto de su niñez, y escriba sobre cómo sus padres o padrastros lo manejaron. ¿Le ofrece esto alguna perspectiva sobre la manera en la que usted maneja sus conflictos?

2. ¡Hable sin tapujos! Este mes, en un entorno grupal, exprese sus opiniones antes de que otros compartan las suyas.

3. Identifique reglas que pueda establecer con su esposo sobre cómo manejar los conflictos.

4. Pídale a un matrimonio que les sirva como asesores.

Pensamiento #7

La unión es más importante que tener la razón

Yo traje a mi matrimonio traumas graves por haber sufrido rechazos. A eso súmele que tengo una personalidad a la que le encanta el debate y, de repente, los conflictos matrimoniales normales crecen hasta convertirse en una batalla épica de voluntades. Estaba determinada a ganar cada pelea. Escuchaba atentamente cada vez que teníamos un conflicto, tal como se supone que hemos de hacer, pero en lugar de escuchar para entender, escuchaba para encontrar algún espacio vacío.

PENSAMIENTO #7: La unión es más importante que tener la razón.

Si Keith decía algo como: "Tú nunca me dices lo que te gusta de mí. Siempre me criticas", yo me alegraba. Esas palabras me abrían una puerta, porque él había dicho "nunca" y "siempre". ¡Lo único que tenía que hacer era encontrar las excepciones a lo que me decía y su argumento quedaba invalidado!

Yo creía que si podía demostrarle a Keith que todas las razones por las que se sentía herido y enojado eran absurdas, entonces dejaría de estar herido y enojado. Él se daría cuenta de lo bien que le ha ido, y nunca querría dejarme. En retrospectiva, sé que eso suena absurdo, pero en algún lugar en el fondo de mi mente pensaba que tenía sentido.

Los conflictos bien manejados pueden ser de provecho para el matrimonio, pero nuestros conflictos nos alejaban cada vez más, porque Keith se sentía más y más apartado y menos amado. En realidad, nunca resolvimos nada porque no estábamos enfrentando los verdaderos problemas. Me concentraba en ganar cada discusión, pero en el proceso estaba perdiendo a mi esposo. Olvidé que el matrimonio no consistía en ganar, sino en ser una unidad; y eso significaba que teníamos que encontrar una manera para que ambos ganáramos.

¿Cuál es la meta?

Tal como lo hablamos en los Pensamientos #5 y #6, la meta del conflicto es hacernos sentir que somos uno en pensamiento y propósito, que estamos en la misma página. Cuando estamos molestas, no obstante, lo primero que nos viene a la cabeza no es: *¿Cómo podríamos ponernos de acuerdo?* En su lugar, pensamos: *¿Cómo puedo hacerle entender cuánto daño me está haciendo?*

El enojo nos hace pensar así. No queremos estar en la misma página, sino que él esté en *nuestra* página; y por eso nos ponemos en modo de ataque. Pero eso no es lo que va a construir la unidad.

El problema no es el enojo. El problema es que permitimos que ese enojo nos aparte de la meta de construir la intimidad. Jesús en sí mismo sintió enojo en numerosas ocasiones, pero nunca permitió que ese enojo lo apartara de su meta de divulgar las buenas noticias del Reino de Dios. Él utilizó su enojo en formas constructivas.

Uno de los problemas que había en la época de Jesús era que los mercaderes inescrupulosos intentaban ganar dinero con los peregrinos religiosos que llegaban al templo en Jerusalén para ofrecer sacrificios. Ellos cobraban precios exagerados por cambiar el tipo de moneda para comprar los materiales para el sacrificio, haciendo más difícil para los pobres seguir las leyes de Dios. Cuando Jesús comprobó esto, se enfureció.

Esta historia se relata en los cuatro Evangelios, pero el relato de Marcos es especialmente interesante por un pequeño detalle: un domingo,

Jesús entró a Jerusalén montado en un asno (cumpliendo la profecía mesiánica que sobre Él se describe en Zacarías 9:9), y las multitudes gritaban: "¡Hosanna en las alturas!" (Mc. 11:10). Luego, el versículo 11 relata que "Jesús entró en Jerusalén y fue al templo. Después de observarlo todo, como ya era tarde, salió para Betania con los doce".

A la mañana siguiente, Jesús volvió a Jerusalén, y se dirigió al templo: "Volcó las mesas de los que cambiaban dinero y los puestos de los que vendían palomas", (v. 15). ¿Por qué es importante que sepamos esto?

Porque antes de hacer nada, Él durmió pensando en ello, reflexionó sobre ello, oró por ello. Juan incluso relata que hizo un látigo de cuerdas (Jn. 2:15). Puedo imaginarme a Jesús la noche anterior, sentado ante la fogata, hablando con sus apóstoles y tejiendo la cuerda mientras pensaba en lo que haría al día siguiente. Claramente no fue un acto impulsivo. A la mañana siguiente Él estaba listo para confrontar a aquellos que abusaban en el templo y poner las cosas en orden, para que así esas personas pudieran nuevamente adorar a Dios con libertad. Se trataba de restaurar la correcta relación con Dios para las personas. Él utilizó su enojo para ayudar a resolver un problema.

La meta debe ser restaurar nuestra relación

Pero debemos tener en cuenta que nuestra meta es difícil, porque cuando estamos molestos la adrenalina comienza a subir. Pensar con claridad cuando estamos furiosos es casi imposible por culpa de todas las reacciones químicas que ocurren en nuestro cerebro. Cuando nos sentimos amenazados, nuestro cerebro entra en un modo de respuesta de "pelea o huye", donde la sangre fluye a toda prisa hacia el cerebro, y fuera de las extremidades. El ritmo cardíaco se incrementa. Nuestro cuerpo se prepara para huir, si es necesario. Todos nuestros sentidos se agudizan. Este ciclo comienza porque el sistema límbico se hace cargo, inhibiendo el pensamiento racional y poniéndonos en modo de emergencia. A la corteza cerebral, la parte de nuestro cerebro responsable de los pensamientos más importantes, con frecuencia le toma hasta una hora después de habernos sentido furiosos para empezar a funcionar normalmente otra vez.

La empatía puede acelerar el proceso de normalización. Cuando decidimos ponernos en el lugar del otro y aceptar que la persona que está enfrente de nosotros es nuestro aliado, podemos detener esa reacción química y detener la respuesta de "pelea o huye". Esto es así porque cuando tomamos intencionalmente la decisión de sentir empatía activamos la corteza cerebral. Cuando accedemos a esto, podemos frenar la respuesta de "pelea o huye" y traer de vuelta el pensamiento racional.

Esto me recuerda la escena culminante durante la batalla de *El señor de los anillos: Las dos torres.* Aragorn y el enano Gimli están blandiendo su espada y hacha, respectivamente, ante todo lo que se mueve, eliminando a sus enemigos. De pronto, se encuentran a sí mismos frente a frente, mientras levantan sus armas, listos para atacar, cuando reconocen quién es la persona que tienen enfrente. Se detienen a mitad de camino. No ven enemigos, ven a un amigo. El frenesí de la batalla se disipa.

Cuando estamos en medio de un conflicto y el enojo empieza a manifestarse, tenemos dos opciones. Podemos ver a la persona que tenemos enfrente como un aliado, o podemos continuar peleando, fustigando y tratando de ganar.

La manera más efectiva de ver a nuestro esposo como un aliado es detenernos para orar y pedirle a Dios que ayude a ambos a ver las cosas con claridad. Mi esposo hace esto con frecuencia, y en el calor de una discusión me causa molestia. Quiero dejar mi punto de vista claro y de alguna manera sé que, si involucramos a Dios, no voy a poder pelear de forma efectiva. Después de todo, ¡puede ser que Dios no comparta mi punto de vista! Pero cuando Keith ora, ese sentimiento de "necesito ganar" se detiene casi que inmediatamente. Orar es humillarse; nos recuerda que hay un Dios que merece nuestra adoración, cuya voluntad es mucho más importante que la nuestra. Es difícil mantenernos en ese enojo del "pelea o huye" cuando nos vemos a nosotras mismas paradas, junto con nuestros esposos, debajo de Dios.

Me complace tener un esposo que puede ser racional, incluso cuando estoy tentada a dejar que las emociones tomen el control.

PASO DE ACCIÓN: Cuando la furia explote, oren por separado, o juntos si es posible: "Señor, ayúdame a pensar como tú sobre esta situación. Ayúdanos a encontrar una solución que te honre y nos respete a cada uno. Ayúdame a ver qué debo hacer para cerrar esta herida".

Su esposo no es el problema

Entender que somos aliados es un buen primer paso, pero para que el conflicto tenga éxito construyendo la unidad, realmente debemos resolver el problema.

Es un reto peliagudo, porque el problema por el cual estamos peleando no siempre es obvio. Si yo le preguntara en el calor del momento en que usted se siente furiosa o herida, cuál es el problema, tal vez me contestaría: "¡Él no me escucha!". "¡Él exige cosas irracionales!". "¡Él no le presta atención a los niños!". Comenzaría cada respuesta con un "él".

Ese es el meollo del asunto. Siempre, cuando el problema es con la otra persona, nos ponemos en modo de "ganar-perder". Así que, cuando el problema es "él", la única manera de terminar la discusión es ganándole a "él".

Utilicemos un ejemplo práctico para demostrar lo que ocurre cuando ambos cónyuges presuponen que el otro está equivocado.

Recientemente, recibí este correo electrónico de una lectora:

> "Estoy embarazada de siete meses y tengo gemelos de dos años. Estoy exhausta. Mi esposo y yo hemos estado alquilando un pequeño apartamento durante los últimos años, pero necesitamos desocuparlo a principios del mes que viene. Hay una pequeña casa que podemos comprar en este momento para poder establecernos de una vez por todas, pero mi esposo prefiere que nos mudemos para otro inmueble alquilado y seguir

> buscando propiedades durante los próximos meses. Puedo aguantar que nos mudemos una vez, pero no creo que pueda aguantar mudarnos dos veces. ¿Qué puedo hacer? Parece que él no tiene noción de lo cansada que estoy".

El esposo está dándole prioridad al largo plazo: "*Queremos construir una casa, así que vamos a sacrificarnos durante los próximos meses para obtener lo que realmente queremos en el momento justo. ¿Qué son unos meses?*". La esposa, por otro lado, está concentrada en el corto plazo: "*Tengo un bebé que está por nacer, estoy cansada, y necesito establecerme*". Ambas perspectivas son válidas.

Con frecuencia, durante el conflicto, la pareja ataca la *interpretación* de la situación que tiene el otro, en vez de identificar, en primer lugar, los sentimientos que están haciendo que esta situación se convierta en un problema. En estas circunstancias, la pareja comienza a discutir los pros y los contras de construir una casa en ese instante.

Imaginemos cómo podría ser esta conversación: ella insistiría en que está demasiado cansada como para mudarse dos veces y que realmente necesitan establecerse. Él le diría que eso representa más trabajo a largo plazo, porque terminaría costándoles más dinero y no estarían tan felices. Y así dan vueltas y vueltas y cada vez se sienten más y más frustrados, porque el verdadero problema no es inmobiliario. Así ocurre en la mayoría de los conflictos. El verdadero problema es que ambos tienen diferentes necesidades, físicas o emocionales insatisfechas. Identifiquemos estas necesidades y podremos encontrar el punto de ganar-ganar.

La necesidad de la autora del correo electrónico es sentirse protegida y no abrumada. Su esposo, por otra parte, necesita sentirse financieramente seguro. ¿Qué pasaría si ellos comenzaran a hablar sobre sus sentimientos en vez de hablar sobre el inmueble?

Si expresamos el problema en términos de necesidades, en vez de ponernos en el modo "enojo" y culparnos mutuamente, podremos ponernos en el modo "resolver problemas", donde aportaremos ideas sobre las maneras en las que podremos satisfacer estas necesidades. Ya la pregunta no se trata sobre quién va a ganar la discusión. La pregunta se trata sobre cómo podemos hacer las cosas de otro modo para que ambos nos sintamos valorados, seguros y amados.

Cuando comenzamos a educar en casa a nuestras niñas, estando ellas en primer y tercer grado, mi esposo y yo enfrentamos una crisis. Él era un pediatra muy ocupado, que estaba de guardia dos o tres noches a la semana y en el consultorio de lunes a viernes. El tiempo para compartir con la familia era limitado. Yo estaba ocupada con las niñas, pero mi profesión de escritora también estaba floreciendo. Recién había recibido un contrato por un libro y necesitaba tiempo para escribir.

Entretanto, Keith estaba a punto de colapsar. Necesitaba desesperadamente tiempo libre para relajarse. Y uno de sus pasatiempos favoritos es recrear batallas históricas utilizando soldados en miniatura. Suena súper *nerd*, lo sé, pero nuestro pequeño pueblo presume de tener un puñado de muchachos a quienes también les encanta hacer esto, así que Keith quería contar con una noche a la semana para reunirse con ellos.

Tomé esa solicitud como una afrenta personal. Y la furia empezó a manifestarse. La casa y las niñas estaban bajo mi completa responsabilidad. Había puesto mi carrera en pausa para que él pudiera ir a la escuela de medicina y abrir su consultorio, pero también necesitaba un escape mental. Necesitaba tiempo para ejercer mi propia profesión, y él estaba tratando de sacar tiempo para un pasatiempo en la cúspide de una carrera que ya tenía.

¿Estaba él respetando mis metas profesionales? ¿No se daba cuenta de que yo también a veces necesitaba alejarme un poco de las niñas? Pero él estaba igualmente desesperado: ¿No podía yo darme cuenta de que él necesitaba desconectarse un poco, considerando que lidiaba con problemas de vida o muerte que lo desgastaban?

Estábamos dando vueltas sin resolver el asunto hasta que Keith nos detuvo.

"Sheila, estamos siendo ridículos —dijo—. Sé que me amas y que quieres que tenga tiempo libre, y tú sabes que te amo y que quiero verte crecer como escritora. Simplemente tenemos un problema de *tiempo*, eso es todo".

Cuando lo planteó de esa manera, ya no estuvimos más en modo de ataque. Nos pusimos en modo de resolver problemas. ¡Y eso era mucho mejor!

Muchos matrimonios se atascan en estos conflictos porque los cónyuges enfrentan los problemas en modo "ganar-perder". Ambos persiguen objetivos distintos, por lo que, obviamente, solo uno puede "ganar". O Keith tenía tiempo para jugar con los muchachos, o yo tenía tiempo para escribir. Debemos preparar las bases para que sea más fácil encontrar el "ganar-ganar". Debemos identificar el verdadero problema (sentimientos y necesidades), y luego hacer un plan de acción sobre cómo resolver ese problema y encontrar ese "ganar-ganar".

PASO DE ACCIÓN: Identifique sus necesidades insatisfechas.

Pregúntese: "¿Qué necesito, justo ahora, en esta situación?". Cuando encuentre la respuesta, le habrá puesto un nombre a su problema, su necesidad insatisfecha, y eso significa que puede comenzar a resolverlo. Usted no está discutiendo sobre si la otra persona tiene derecho o no de sentirse molesta o sobre si la otra persona está en lo correcto o está equivocada. Usted se está enfocando en sus necesidades.

PASO DE ACCIÓN: Escriba sus necesidades insatisfechas en una hoja de papel, y aliente a su esposo a que haga lo mismo. Ahora siéntense con las hojas de papel frente a ustedes y decidan cuál de esas "necesidades" atacarán primero.

Ciertamente, usted podría expresar sus necesidades en voz alta, pero me gusta la idea de escribirlas. Esto deja claro de qué está hablando usted, y así no se va por la tangente ni saca a relucir todo lo que su esposo jamás ha hecho que la ha decepcionado. Usted simplemente escribe los problemas en una hoja de papel.

Además, al escribir los problemas en el papel, estos ahora estarán separados de ustedes. Ponga las hojas en una mesa enfrente de ustedes, de modo que pueda sentarse al lado de su esposo, como un equipo. Están atacando los problemas juntos, no atacándose el uno al otro. Como dijo Zig Ziglar una vez: "Muchos matrimonios serían mejores si el esposo y la esposa entendieran claramente que están en el mismo equipo".[1] Pienso que eso es brillante.

Resolver problemas para ganar

Luego de que Keith identificó nuestro problema de tiempo, dejamos de pelear sobre quién debería tener tiempo libre, y ambos dimos un paso atrás. Keith, de forma justificada, necesitaba tiempo con sus amigos. Yo, también de forma válida, necesitaba medio día adicional durante la semana para poder escribir. Así que nos preguntamos: ¿Cómo podemos encontrar ese tiempo? Ambos aportamos diferentes ideas, desde contratar niñeras hasta meter a las niñas en una escuela hasta que encontráramos una solución diferente. Decidimos que le daríamos más valor al tiempo que al dinero. Keith decidió cerrar su consultorio los jueves en la tarde para poder darles clases a las niñas ese día, algo que de todas maneras él quería hacer; y entonces así yo podía escribir. Y cada martes en la noche, un grupo de sus amigos tocaban nuestro timbre y bajaban por las escaleras de nuestro sótano para recrear la Guerra Civil.

Si la escritora de la carta y su esposo pudieran aportar ideas sobre cómo satisfacer sus necesidades, probablemente también podrían pensar en cómo resolver su situación habitacional de manera creativa. Ella tiene miedo de sentirse abrumada y de tener que mudarse en dos oportunidades. Ciertamente, podrían mudarse solo una vez, como ella quiere. Pero tal vez exista otra opción. Si alquilar solo una vez más les ahorrará dinero a largo plazo, ¿podrían gastar algo de ese dinero en contratar una criada? ¿Podrían pedirle a alguna de sus madres que los visiten? ¿Podrían contratar a una sobrina o una hermana menor para que vaya a vivir con ellos en la casa después que nazca el bebé y cuide a los gemelos? ¿Podrían contratar a una empresa de mudanzas para que empaque todas las cosas en vez de depender de que ella lo haga?

¿Y qué pasa con la necesidad de él de tener seguridad financiera? También hay diferentes maneras de alcanzar esto. Podrían alquilar y luego comenzar a construir este año, como él quiere. Pero quizás también podrían ver si se pueden mudar a un vecindario más asequible. Podrían ver si pueden recortar sus gastos. Podrían tratar de encontrar un mejor trabajo para él.

Cuando enfrente un conflicto con su pareja, pregúntense: ¿De qué manera podemos satisfacer las necesidades de ambos? Piensen en todas las posibilidades que puedan, y luego decidan cuáles van a poner en práctica. Pueden anotar todas las ideas en un papel, si son del tipo de personas a quienes les gusta hacer listas, o simplemente pueden ir a caminar y conversar, si prefieren descifrarlo juntos. Incluso pueden intercambiar las listas, y tomarse un día para analizar las ideas anotadas antes de ponerse de acuerdo para volver a reunirse y discutir sobre todo lo escrito.

Echemos un vistazo a otro ejemplo común, para ver cómo este método de resolución de problemas funciona. Una mujer me escribió y me relató un aspecto de su vida en el que hay desacuerdos:

> "Odio el trabajo doméstico. Mi definición de limpiar es más bien ordenar. Pero hasta eso es forzado para mí.
>
> Después de que mi esposo y yo nos casamos, recogía todo lo que dejábamos a nuestro paso. Lavaba la ropa, preparaba la cena, hacía todo lo que pensaba que lo haría pensar que yo era una buena ama de casa. Pero yo no soy así. Así que cuando mi esposo comenzó a viajar por asuntos de negocios, empecé a vivir en mi casa de la forma en que normalmente lo hacía. Como sabía que mi esposo volvía los fines de semana, me apresuraba a limpiar la casa los viernes, porque sabía que se pondría molesto.
>
> Ahora él está en la casa y se ha dado cuenta de que mi rutina diaria no incluye limpiar. Está realmente alterado por ello

> y quiere que limpie más seguido, pero yo no soy así. Y parece que no podemos llegar a un acuerdo. Pienso que esta también es mi casa y necesito que se me permita establecer algunas normas. ¿Qué podemos hacer para superar nuestro conflicto sobre el trabajo doméstico?".

¿Cuál es el problema subyacente que esta pareja está enfrentando? A simple vista, pareciera que el problema consiste en ponerse de acuerdo sobre qué tan limpia debería estar la casa. No obstante, piense en lo que pasaría si ellos comenzaran a discutir sobre eso. Inevitablemente irían cuesta abajo a toda velocidad, porque simplemente no se pondrían de acuerdo. Ella piensa que no hay nada de malo en el desorden, y él piensa que la casa debería estar limpia y reluciente todo el tiempo. No hay manera de ganar en ese conflicto.

La mayoría de los conflictos matrimoniales no tienen que ver con el problema por el que parece que no podemos ponernos de acuerdo. Tienen que ver con preguntas fundamentales. ¿Realmente me amas? ¿Valoras mis opiniones? ¿Te importa? En este caso, el esposo quiere saber: "¿Te importa lo que pienso respecto a la casa lo suficiente como para salir de tu cómoda rutina?". Y la esposa también quiere saber de su esposo: "¿Te importa lo que yo quiera lo suficiente como para salir de *tu* cómoda rutina?". No es una sorpresa que ambos hayan dado en el blanco, porque la raíz de su desacuerdo no es cuán limpia está la casa. La verdadera raíz es que ninguno de los dos se siente valorado.

Si la pareja comienza a discutir sobre el conflicto orando primero, e invitando a Dios a intervenir, ambos inmediatamente se humillan. Dejan de exigir: "¿Algún día cambiarás?" y empiezan a preguntarse: "¿Qué papel juego yo para solucionar esto?". Ahora pueden abordar el problema identificando y anotando sus necesidades. En este caso, hay muchas necesidades en juego. Ambos cónyuges necesitan saber: "¿Realmente me amas?" y ambos también necesitan sentirse "en casa" cuando están en casa.

Es probable que el papel en el que ella anote sus necesidades, contenga algo como esto:

- Necesito sentir que este es mi hogar.
- Necesito sentir que te importo y me respetas, y que no que piensas que soy una especie de chiquilla porque no limpio bien la casa.

El papel de él pudiera contener algo así:

- Necesito poder relajarme cuando llego a la casa.
- Necesito sentir que te importa mi opinión.

Tal vez pueda parecer que la pareja aún tiene un problema grave: ambos quieren sentirse "en casa" cuando están en casa, y ninguno se siente así en ese momento. Pero escribiendo sus necesidades, queda claro que *ambos* tienen derecho a querer sentirse en casa. Y ahora pueden resolver juntos el problema, para encontrar el punto donde ambos ganan.

Mi amiga Terri tuvo una diferencia de opiniones similar con su esposo. Terri era una ocupada madre de seis niños a los que educaba en casa, y a ella le gustaba crear un lugar divertido y desestructurado donde ellos pudieran aprender. Ella quería que los niños fueran creativos con el arte, que exploraran la naturaleza e hicieran experimentos. La casa siempre estaba caótica.

Eso le molestaba a su esposo Jonathan, que se sentía como un extraño en su propia casa. No tenía un lugar donde pudiera sentarse cuando llegaba del trabajo, porque los niños le habían sacado el relleno a todos los muebles. Después de un día agitado, deseaba entrar por la puerta y encontrar paz. En lugar de eso, inmediatamente se sentía agitado.

Al principio su conversación fue improductiva. Terri quería que Jonathan valorara la manera en que estaba educando a sus hijos, y que reconociera que con seis niños en la casa todo el día, ¡por supuesto que todo iba a estar hecho un desastre! Jonathan quería que Terri reconociera que, como padre, él también tenía derecho a expresar su opinión con respecto al ambiente en la casa.

Finalmente, llegaron a una solución única que ahora yo recomiendo a las parejas: escojan las cinco cosas principales que cada uno desea.

Si usted y su esposo tienen ideas diametralmente opuestas sobre algo como qué tan limpia debería estar la casa, pregúntese: *¿Cuáles son las cinco cosas principales que me harían sentir que mis necesidades están siendo tomadas en cuenta?* En el caso de Jonathan, él quería que la entrada principal estuviera limpia cuando llegara a la casa. Quería un sofá libre de objetos, donde pudiera sentarse y levantar los pies. Quería que la cama estuviera hecha. Quería que los platos de la cena estuvieran lavados todas las noches. Y quería que la mesa estuviera puesta. Terri decidió que ella podría fácilmente hacer estas cosas. Y luego, cuando Jonathan entrara por la puerta, él sentiría paz aunque los microscopios y los cadáveres de mariposas aún estuvieran regados sobre la mesita de la sala.

La escritora de la carta y su esposo también podrían cada uno escribir sus propias "cinco cosas principales". Él podría tener cinco áreas de la casa, como las tuvo Jonathan, donde quiere que todo esté ordenado. Ella, por otra parte, podría tener sus propias cinco cosas que la ayuden a sentirse en casa. Ella quizás quiera dejar sus cosas para tejer en la sala, durante un día o dos no tener que doblar toda la ropa limpia o ponerla a lavar, cubrir el refrigerador con imanes y fotos, permitirles a los niños que tengan su área de juegos desordenada, y mantener sus botellas y frascos en la repisa del baño. Cuando vemos el mundo de la manera en que el otro lo ve, identificar nuestras "cinco cosas principales" es una gran estrategia para respetar ambos puntos de vista.

PASO DE ACCIÓN: Aporten ideas sobre todas las maneras en las que cada uno puede satisfacer las necesidades del otro, y decidan cuáles pondrán en práctica.

La solución al problema del "amor"

Cuando uno está recién casado, la mayoría de los conflictos toman una relevancia mayor de la que realmente tienen, porque lo que realmente está siendo discutido es: "¿Cambiarías por mí?" ¿Te importo lo suficiente como para que me aceptes como soy y te adaptes a mí?". Sea el problema limpiar la casa, o el sexo, cuándo tener hijos, o a qué profesión dedicarse, el tema subyacente es que queremos asegurarnos de que en verdad somos amados.

Cuando estamos resolviendo un problema, siempre es buena idea atacar el problema subyacente: ¿Cómo puedo ayudarte a que te sientas amado? Aprender la manera de expresar amor del otro puede ayudar en esto. Gary Chapman ha identificado cinco maneras principales en las cuales tendemos a expresar amor a los demás: tiempo de calidad, palabras de aliento, acciones serviciales, contacto físico, y regalos.[2] Cada uno de nosotros suele experimentar amor en una, o quizás dos, de estas maneras principales.

Las formas en las que experimentamos el amor suelen también ser las maneras en la que lo expresamos. Sin embargo, esto puede ser contraproducente. Los regalos, por ejemplo, no son registrados por mi medidor de amor. Yo no los aprecio. Las acciones serviciales, en cambio, son el cielo para mí. Si mi esposo siempre viene a casa con flores, pero nunca lava los platos, no me siento amada, aunque él piense que de esa manera me lo está demostrando. Por otra parte, él ha aprendido recientemente que un masaje en las noches hace maravillas con mi ánimo, ¡y con mi libido! Que él se tome quince minutos para trabajar en los nudos de mi espalda significa mucho para mí, ya que acumulo mucha tensión natural en la parte superior de mi torso. Yo también he aprendido que saludarlo al entrar, aunque parezca insignificante, marca una gran diferencia en cuán amado se siente él.

Averigüe qué acciones le dicen "amor" a su esposo, y luego convierta en un hábito el demostrarle amor, cada día, de esas maneras.

PASO DE ACCIÓN: Aprendan las expresiones de amor de cada uno y luego conviértanlas en ideas tangibles. Haga cada uno una lista de las cosas que los hacen sentir amados, y luego intercambien las listas.

Sé que la resolución de conflictos no siempre es tan limpia y ordenada como la he presentado. A veces, las emociones se apoderan de nosotros. En ocasiones, nos cuesta mucho trabajo escuchar. Eso está bien, solo siga practicando y se dará cuenta de que con el tiempo se volverá una profesional. Si no funciona la primera vez, no se desespere. Siga orando y pidiéndole a Dios que la ayude a mantener la calma y ver a su esposo como un aliado. Entonces, una vez que se haya calmado, saque esas hojas de papel, ¡e inténtelo de nuevo!

¿Qué pasa cuando la necesidad del otro es ilegítima?

Los ejemplos de conflicto que hemos estudiado tienen algo en común: ningún caso amerita una respuesta moralmente correcta, solo son diferencias de criterio. Pero, ¿qué pasa cuando el conflicto no es tan limpio? ¿Qué pasa si en un caso existe un dilema moral en juego?

Digamos, por ejemplo, que su esposo chatea frecuentemente por Facebook con una exnovia. O tal vez su esposo le está guardando secretos, y usted no puede hacer que él se abra y le cuente. He aquí un comentario que la esposa de un pastor dejó en mi blog:

> "Hace diez años me di cuenta de que mi esposo (un pastor), con quien tenía veinticinco años de casada, era adicto a la pornografía. Él estaba arrepentido y ambos trabajamos para sanar nuestro matrimonio. Después de un año, ya habíamos podido dejarlo atrás y nunca volvimos a mencionarlo. Hace unos meses le pregunté cómo le estaba yendo con su problema de adicción a la pornografía. Él se alteró. Le volví a preguntar después de un rato y le dije que realmente necesitaba saber si él había visto pornografía desde aquel entonces. Él dijo que no tenía ningún problema, pero se negó a rendirme cuentas o a darme las contraseñas de su computadora o su teléfono. No sé si debería confiar en él o debería insistirle".

En este caso, si la pareja fuera a escribir sus necesidades, pondrían cosas como estas:

- Necesito sentir que confías en mí.
- Necesito sentir que tengo privacidad.

La confianza y la privacidad suenan como necesidades legítimas, pero dependen de lo que queramos decir con eso. Regresando a Miqueas 6:8, tenemos que necesitamos practicar la justicia, amar la misericordia, y humillarnos ante Dios. Practicar la justicia significa que debemos defenderla, no que ignoremos las injusticias. Si una persona quiere privacidad para esconder un pecado, esa no es una necesidad legítima. Sí, la privacidad y la confianza son importantes, pero una vez que usted se casa le debe a su esposo completa honestidad y apertura. Algunas cosas que creemos que son necesidades, no necesariamente son legítimas. Nadie necesita una licencia para pecar.

Estas son la clase de necesidades que son legítimas (aunque esta lista no está completa):

- Necesito sentir que soy una prioridad para ti.
- Necesito sentir que me amas.
- Necesito pasar tiempo contigo.
- Necesito tener un tiempo para mí (¡Privacidad del tipo adecuado!).
- Necesito descansar lo suficiente y no trabajar en exceso.
- Necesito sentir seguridad financiera (si hay motivos).
- Necesito sentir que te importo.
- Necesito poder compartir mis pensamientos y mis sentimientos contigo.
- Necesito saber que me respetas.
- Necesito sentirme segura.
- Necesito ayuda en la crianza de los niños, para no hacer todo yo sola.
- Necesito sentir que somos un equipo (¡Confianza del tipo adecuado!).
- Necesito saber que te importan mis necesidades sexuales.

- Necesito saber que soy el único objeto de deseo sexual que tienes.

Lo siguiente, no obstante, no siempre son necesidades legítimas:

- Necesito privacidad para hacer lo que yo quiera sin interferencias.
- Necesito poder hacer lo que quiera con mi propio tiempo.
- Necesito sentir que confías en mí automáticamente, independientemente de lo que ocurra.
- Necesito poder hablar con quien yo quiera cuando yo quiera.
- Necesito que me trates como a un adulto, sin cuestionar mis decisiones.
- Necesito tener más sexo, y si tú no puedes proveerlo, necesito poder encontrarlo por mi cuenta.

¿Qué pasa cuando nuestras listas chocan? Uno de nosotros pudiera tener una necesidad legítima: *Necesito saber que soy el único objeto de deseo sexual que tienes.* El otro cónyuge pudiera tener otra necesidad que no es legítima: *Necesito privacidad para hacer lo que yo quiera sin interferencias.*

¿A dónde nos lleva eso?

Nuestra sociedad dice algo como esto:

LA SOCIEDAD DICE: Todos los sentimientos son legítimos y deben ser validados. En el matrimonio, los cónyuges siempre tienen derecho a sus propios sentimientos.

Es interesante notar que he escuchado a consejeros cristianos blandir el mismo argumento. Los sentimientos son una parte intrínseca de la autonomía de un individuo y no podemos desdeñarlos o descartarlos si queremos que la relación sea saludable.

Entiendo el argumento, y en principio tiene sentido. Pero no se corresponde con Jeremías 17:9: "Nada hay tan engañoso como el corazón. No tiene remedio". Si el corazón es perverso, entonces sucederá que algunas veces nuestros sentimientos saltarán hacia el pecado, en lugar de saltar hacia las necesidades legítimas.

Si su esposo reclama una necesidad que pareciera ser utilizada para esconder un pecado, como el pastor de nuestro ejemplo que quería que su esposa le diera privacidad al navegar por la internet a pesar de su pasada adicción a la pornografía, entonces es totalmente correcto interpelarlo por ello. De hecho, es incorrecto no decir nada, porque parte de nuestra responsabilidad como cristianos es ayudar a aquellos que están a nuestro alrededor a vivir vidas santas. Santiago escribió:

> "Hermanos míos, si alguno de ustedes se extravía de la verdad, y otro lo hace volver a ella, recuerden que quien hace volver a un pecador de su extravío, lo salvará de la muerte y cubrirá muchísimos pecados" (Stg. 5:19–20).

Se supone que los tenemos que hacer volver cuando los veamos alejarse de la verdad. Cuando escuchamos las necesidades insatisfechas del otro, es normal someterlas a un examen de olfato: ¿Huele esto bien, o es una manera de esconder algo malo?

En el caso de esta mujer, que estaba preocupada por la adicción de su esposo a la pornografía y que quería acceso completo a su computadora, esto es lo que voy a sugerir. Él dice que necesita privacidad y esa confesión es entre él y Dios (aunque Santiago 5:16 diga claramente: "Por eso, confiésense unos a otros sus pecados"). Ella podría decir: "En el matrimonio somos uno. No hay secretos. Y si estás bien con Dios, entonces no deberías tener nada que esconder. Si no estás bien con Dios, necesito saberlo para poder orar contigo y apoyarte".

Si él sigue sin darle acceso, ahí es donde tiene efecto la amonestación de Mateo 18, de la cual hablamos en el Pensamiento #6. Si ya ha confrontado a su pareja y cree que aún está caminando en el pecado, entonces es momento de traer a alguien más a la conversación, para que la ayude.

PASO DE ACCIÓN: Si usted cree que su cónyuge le está pidiendo algo irracional, busque consejo con una o dos personas de su confianza, para que la ayuden a tener una perspectiva adecuada.

¡Por supuesto que algunas veces alguien de afuera podría señalarnos que estamos cometiendo un error! Recuerdo haber estado hablando en una conferencia de matrimonios cuando una callada mujer se me acercó para contarme un problema que estaba teniendo. Me dijo que su esposo estaba abusando verbalmente de su hija. Con frecuencia le gritaba e insistía en que ella debía alcanzar metas muy altas. La respuesta de la madre consistía en ir a la habitación de la hija y consolarla, decirle que su papá realmente no quería decir esas cosas y que ella sabía lo mal que eso la ponía. Esta mujer estaba creando una gran división entre el padre y la hija, en su propio matrimonio.

Luego, la mujer me contó que ella había mencionado esto numerosas veces en su grupo femenino de estudio bíblico e incluso en sus círculos íntimos, pidiendo oración para que su esposo fuese más gentil, a veces hasta con su esposo sentado a su lado.

Mientras estábamos conversando, sin embargo, estaba claro que el esposo simplemente quería algo muy sencillo: que su hija realmente hiciera sus deberes. Quería que su hija practicara piano y no que estuviera metida en Facebook perdiendo el tiempo todo el día. Quería que su hija no le contestara. Aun así, si él levantaba su voz, su esposa intervenía.

Como oradores de las conferencias, no podemos dar consejo, porque en estos eventos solo vemos a las parejas durante un breve período de tiempo. No obstante, una cosa que le sugerí a esta pareja fue que debían establecer reglas claras para su hija y luego discutir sobre cómo podían asegurarse de que estas reglas se cumplieran. La esposa estaba debilitando el rol de su esposo como papá, y lo estaba traicionando enfrente de sus compañeros. El abuso verbal existe, pero algunas veces decimos que algo es abusivo solo porque no es algo que nosotras haríamos. Por eso es que es buena idea consultar otra opinión cuando estamos frente a una encrucijada en la que ambos sentimos que estamos en lo correcto y que el otro está equivocado, y también cuando nos preguntamos si algo está cruzando el límite del abuso, la adicción o las aventuras.

También he tenido la experiencia opuesta de escuchar, horrorizada, a una mujer que me contaba que estaba tratando de someterse a su esposo, pero se le hacía difícil hacerlo cuando él azotaba su hijo de dieciocho años. Le dejé muy en claro que eso era abuso, y le recalqué la seguridad de ella y sus hijos.

A veces necesitamos que alguien nos muestre la realidad y nos diga: "Estás actuando irracionalmente". Otras veces necesitamos que alguien haga eso con nuestro esposo. ¿Pero no es para ello que existe la comunidad? Si pensamos que nuestro esposo está discutiendo por algo que es ilegítimo e incluso pecaminoso, entonces debemos involucrar a alguien más y pedirle su ayuda.

Todos, en algunas oportunidades, nos sentiremos enojados. Si tomamos primero ese enojo y lo entregamos a Dios, y luego nos enfocamos en encontrar el punto donde ambos ganamos, veremos que ese enojo no necesariamente tiene que separarnos. Esto realmente puede ser una herramienta que Dios utiliza para ayudarnos a tener algunas difíciles, aunque muy importantes conversaciones que pueden hacernos agilizar la búsqueda de la unidad.

RESUMEN DE LOS PASOS DE ACCIÓN

1. Ore. Pídale a Dios que les dé sabiduría a ambos mientras trabajan para resolver su conflicto.

2. Prepárese. Identifique sus necesidades insatisfechas y escríbalas en una hoja de papel (o compártalas con su esposo).

3. Resuelva el problema. Aporten ideas para satisfacer sus necesidades y las de su esposo. Escríbanlas, háblenlas mientras caminan, o duerman pensando en ello.

4. Aprenda. Establezca cuales son las expresiones de amor de cada uno y haga una lista de las cosas que hacen que cada uno se sienta amado.

5. Busque ayuda externa. Si cree que la solicitud de su esposo es irracional o pecaminosa, involucre a alguien más que sea de su confianza.

Pensamiento #8

Tener sexo no es lo mismo que hacer el amor

En mayo de 1990, comencé a contar los días para mi boda: 429. Pero no era la boda lo que estaba esperando. Era la *noche* de bodas. Yo pensaba, emocionada: *¡En solo 429 días, el hombre que amo me hará sentir maravillosa!* Después de años de intentar calmar los deseos de mi cuerpo, finalmente podría tener relaciones sexuales cada vez que quisiera. Nunca me había imaginado que el sexo no siempre sería fácil o divertido, o una experiencia romántica, íntima.

Estoy segura de que la mayoría de las mujeres ha soñado con esa clase de vida sexual intensa luego del matrimonio. Queremos perder el equilibrio, quedarnos sin aliento, sentir fuegos artificiales. El sexo parecía una hermosa promesa.

Algunas seguramente tienen la fortuna de experimentar esa dicha, pero para muchas de nosotras, la realidad no supera las expectativas. Quisiéramos tener esas noches de acción, pero cuando lo que tenemos bajo los pies son juguetes y piezas de LEGO, tomar un buen descanso parece más atractivo que realizar actividades gimnásticas. Quisiéramos ser románticas, pero cuando el sexo no dura mucho ni proporciona tanto placer, preferimos terminar el romance con una caja de chocolates. Y por supuesto que quisiéramos quedarnos sin aliento, pero cuando él ha ganado peso, o mejor dicho, cuando ambos hemos ganado peso, nos quedamos sin aliento pero por el estado físico.

El sexo pierde su encanto.

La realidad ha chocado con nuestras expectativas. Pensamos que sería apasionado e intenso, pero se ha vuelto soso y aburrido. Pero yo no pienso que el sexo malo y mediocre sea inevitable. Creo que salimos decepcionados de la alcoba porque ninguno de nosotros en realidad ha entendido la diferencia fundamental entre tener sexo y hacer el amor. Antes de casarme, estaba más interesada en el sexo en sí, no entendía la vulnerabilidad, la intimidad, ni el misterio; que son las cosas que hacen que el sexo sea profundo. En realidad, solo entendía sobre la excitación y el orgasmo, dándoles un giro romántico. No obstante, cuando mi cuerpo no respondía de la manera que yo deseaba, el sexo parecía algo demasiado difícil. Combine eso con una sociedad que abarata el sexo, y es fácil ver por qué tantos de nosotros comienzan a pensar a qué se debe tanto alboroto.

Nuestra sociedad hace ver el sexo como algo sucio

Nuestra sociedad tiene un extraño concepto del sexo. Por un lado lo idolatramos, y por el otro, de hecho estamos teniendo menos sexo que hace apenas dos décadas.[1]

Tal vez sea porque hemos abaratado el sexo, olvidándonos de que se trata de algo que va más allá de lo físico. Se suponía que el sexo, el matrimonio y el amor formaban parte integral de la misma cosa, pero ahora se presentan más como un *bufet*, en el cual podemos tomar lo que queramos y dejar de lado los bocadillos de tocineta si no nos apetecen. Podemos enamorarnos sin casarnos, podemos tener relaciones sexuales sin estar enamorados o sin estar casados. ¡Incluso podemos estar casados sin tener sexo!

Cuando sacamos el sexo del contexto de una relación matrimonial, comenzamos a transitar un sendero peligroso. Dios diseñó el sexo para que fuera algo profundamente íntimo, así como físicamente placentero. Pero si no estamos comprometidos con nuestra pareja, el sexo no puede ser algo realmente íntimo. Se convierte en algo únicamente corporal. Y ni siquiera tiene que ver con el cuerpo de nuestro compañero o compañera, ya que muy probablemente consigamos a otra persona. La única constante en este tipo de vida sexual somos *nosotros.*

PENSAMIENTO #8:
Tener sexo no es lo mismo que hacer el amor.

Si convertimos el sexo en algo meramente físico, la única manera de "mejorar" el sexo es ampliando nuestros límites. Intentando cosas nuevas y excitantes. ¡Explorando nuestras fantasías! Tal vez no sea coincidencia que la gente generalmente termina sintiéndose vacía, usada y degradada. Porque las personas, en vez de amarse unas a otras, se usan unas a otras.

Para hacer el amor hace falta intimidad

Desde el principio, Dios hizo el sexo para que fuera algo íntimo y hermoso, no solo físico. Una mirada al Antiguo Testamento nos puede mostrar esto vívidamente.

Una vez, cuando era adolescente, recuerdo haber escuchado al pastor leyendo el Génesis en la iglesia: "Y el hombre conoció a Eva, su mujer, y ella concibió y dio a luz a Caín" (Gn. 4:1, LBLA). Eran mis días de secundaria, y recuerdo que todos nos apiñábamos en los bancos, riendo y dándonos codazos unos a otros. La Biblia, en vez de usar la palabra "sexo" utilizaba la palabra "conocer". Obviamente, a Dios le daba pena utilizar la palabra real.

Pero espere un segundo. ¿Y si quería decir algo más?

En Salmo 139, David dijo: "Señor, tú me examinas, tú me *conoces*" (v. 1). Y luego lo convierte en una oración: "Escudríñame, oh Dios, y *conoce* mi corazón" (v. 23, LBLA). De hecho, ese tema de rogarle a Dios que penetre profundamente en nuestros corazones y nos "conozca", está a lo largo de las Escrituras. Y la misma palabra hebrea *yada* o "conocer"—se utiliza para representar tanto nuestro profundo deseo de tener una comunión con Dios, como la unión sexual entre los esposos.

¿Y si en realidad existe una conexión? ¿Y si el sexo no es solo una unión física de los genitales, sino también un mecanismo que abarca este profundo anhelo de ser conocidos?

Esa es una parte del plan de Dios para el sexo. Piénselo: durante el sexo nos desnudamos físicamente. Pero para que el sexo funcione bien, especialmente en el caso de las mujeres, también debemos desnudarnos emocionalmente. Necesitamos hacernos vulnerables. Tenemos que estar dispuestas a "dejarnos llevar".

Yo, como bloguera de matrimonio y de sexo, con frecuencia recibo correos de mujeres frustradas que me preguntan: "¿Dios fue cruel con las mujeres? ¿Por qué es más fácil para mi esposo pasar un buen rato que para mí excitarme?". Quizás usted también ha notado que su respuesta sexual no es ni de lejos tan automática como la de su esposo. Cuando realicé encuestas de doscientas personas para mi libro *La guía de la chica buena para un sexo increíble,* descubrí que los mejores días de una mujer desde el punto de vista sexual, no son los de la luna de miel. Llegaban una década y media después, después de que los integrantes de la pareja habían tenido años para sentirse cómodos el uno con el otro.[2] Esas parejas con la mejor vida sexual también eran más propensas a calificar su matrimonio como "íntimo espiritualmente". Cuando nos sentimos cercanos, respondemos mejor en el sexo.

Creo que Dios nos hizo así por una razón. Para que las mujeres podamos disfrutar del sexo, debemos sentir intimidad. Debemos escoger "dejarlo entrar", y no solo físicamente, porque a nosotras se nos hace fácil mirar al techo y preguntarnos: "¿Es esa mancha de allá una araña?". Y es probable que esa sea la razón por la cual el orgasmo no es automático para nosotras.

El sexo grandioso, especialmente para las mujeres, requiere comunicación. Necesitamos decirles a nuestros esposos lo que nos gusta, y eso puede ser difícil, ¡ya que muchas de nosotras ni siquiera estamos seguras de lo que nos gusta o lo que queremos! Es por ello que el sexo grandioso también requiere vulnerabilidad. Debemos bajar nuestros escudos para poder entender lo que realmente queremos. Y luego tenemos que confiar en él para poder decírselo.

La comunicación, la confianza, y la vulnerabilidad son vitales para alcanzar una gran vida sexual, ¡pero todas esas cosas también son vitales para un gran matrimonio! Si la respuesta sexual fuera automática, no tendríamos el mismo incentivo para trabajar en nuestra amistad, para comunicarnos y hacer crecer la confianza. De esta manera, cuando las cosas funcionen, habremos alcanzado verdadera intimidad en todos los aspectos del matrimonio, no solo en el sexo. Pero el sexo en sí mismo también se siente estupendo, porque no es solo algo físico. Sentimos verdadera intimidad. En realidad, estamos haciendo el amor.

¿Cuál es la importancia del sexo en el matrimonio?

El sexo y la intimidad son ingredientes vitales para hacer el amor, pero, para la mayoría de nosotros, son aspectos difíciles de lograr y priorizar. Tomemos nuestra sociedad, que hace ver el sexo como algo casi asqueroso, y pensemos en las cosas que sabemos sobre el abuso o el acoso sexual y la idea de que el sexo es algo vergonzoso, y veremos que es difícil encontrar intimidad (si usted tiene problemas en cualquiera de estos aspectos, consulte el apéndice para encontrar recursos que la puedan ayudar a superarlos). Súmele a la mezcla el cansancio y las dificultades que muchos tenemos de hacer del sexo algo placentero; entonces hacer el amor se convierte en algo demasiado difícil de practicar. Con todas estas fuerzas trabajando en nuestra contra, tal vez no nos sorprenda que mis encuestas arrojaron que 44 por ciento de las parejas reportó tener relaciones sexuales menos de una vez a la semana.[3]

La cultura de nuestra iglesia ha notado esta crisis de baja frecuencia y se ha alarmado. Los líderes han decidido rectificar el problema promoviendo sexo, sexo y más sexo.

CREENCIA POPULAR: ¡Solo hágalo! Los hombres necesitan sexo frecuente, ¡así que las mujeres deben dárselo!

Se han escrito series de libros sobre las batallas que enfrentan los hombres con las tentaciones sexuales, y a las mujeres se les dice que pueden ayudar a sus esposos a vencer la tentación sexual teniendo sexo con mayor frecuencia. Algunos pastores exhortan a las parejas a tener relaciones sexuales todos los días (en algunos casos durante una semana, y en otros casos, durante un mes) para que su matrimonio se vea beneficiado.[4]

Tengo afinidad con este método. A nivel espiritual, cada vez que usted hace el amor reafirma su relación y se siente más comprometida. Y desde una perspectiva práctica, la libido femenina es casi siempre un fenómeno de úsela o piérdala. Cuando tenemos sexo con mayor frecuencia, nuestros cuerpos tienden a responder con mayor facilidad, y descubrimos que aumenta nuestra libido. Cuando nosotras las mujeres tenemos sexo con menor frecuencia, nuestros cuerpos a menudo se apagan y nuestro deseo sexual disminuye.

¿Recuerda mi historia de las "flores de sexo" del Pensamiento #1? Mi esposo se sentía cerca de mí después de hacer al amor, y por eso me trajo flores. Así es como Dios nos diseñó. Cuando experimentamos alivio sexual, liberamos la hormona oxitocina, la cual nos ayuda a sentirnos más unidos a nuestra pareja. Cuando hacemos el amor con relativa frecuencia, tendemos a sentirnos más positivos hacia el otro, y tendemos a dejar pasar los problemas pequeños del matrimonio.

Estas son cosas pequeñas, así que simplemente tener relaciones sexuales no mejorará todo automáticamente. La creencia general religiosa, que nos insta a "solo hacerlo" parece un reflejo de la actitud de nuestra sociedad hacia el sexo: ambas ignoran el hecho de que el sexo es más que algo físico. No es un remedio general, y a menudo se le considera así. Eso también abarata el sexo.

Hacer el amor, experimentar intimidad genuina a través del sexo, es algo realmente hermoso. Pero muchas parejas no han experimentado eso porque han comprado la idea de que "el sexo es algo físico", a veces sin siquiera darse cuenta. Así que veamos los problemas de ver el sexo como una cura para todo.

Problema #1: Hacemos que el sexo parezca algo solo para los hombres

Si les decimos a las mujeres: "El hombre realmente necesita sexo. Nunca le diga que no, o lo lastimará, y él pudiera terminar teniendo una aventura", ¿quién se puede excitar con eso?

Dios diseñó el sexo para ser una experiencia mutuamente satisfactoria. Se supone que *ambos* debemos disfrutarla. Se supone que nos debe hacer sentir más cercanos a *ambos. Ambos* lo necesitamos. La única diferencia real es que los hombres, en general, sienten una necesidad física más urgente. Pero la mejor forma de satisfacer esa necesidad es darnos cuenta de que nosotras también lo necesitamos, y actuar basándonos en eso. Si escuchamos el mensaje de que los hombres "necesitan" sexo y que las mujeres debemos actuar en consecuencia, es demasiado fácil empezar a ver el sexo como algo desagradable y a los hombres como animales. Podemos pensar: *Dios quiere a mi esposo más que a mí. Dios me hizo como un receptáculo para ser utilizada por mi esposo.* Esa *no* es la intención de Dios en lo absoluto.

En vez de enfatizar su necesidad de sexo, enfaticemos el sexo mutuamente satisfactorio, algo que ambos quieren, que ambos encuentran placentero, y que ambos encuentran íntimo. ¡Y el sexo tiene grandes beneficios para nosotros! Se siente estupendo. Alivia el estrés. Aleja la depresión, los virus y las migrañas. ¡Incluso nos ayuda a dormir mejor! Yo muchas veces me negaba porque me sentía cansada. Pero esas noches en que me negaba, nunca podía dormir bien. Siempre sentía que había algo sin resolver entre nosotros. Pero cuando hacemos el amor, me duermo casi de inmediato y profundamente. Así que ahora, cuando estoy cansada, me vuelvo a Keith y le digo: "¡Ponme a dormir, cariño!".

Dejemos de referirnos al sexo como algo que los hombres necesitan y que las mujeres deben brindar, y comencemos a hablar del sexo como algo que es maravilloso para los dos, juntos. Ese es el mensaje que Pablo dio en 1 Corintios 7: el cuerpo de la esposa pertenece al esposo, y el cuerpo del esposo pertenece a la esposa. Hacer el amor debe ser algo mutuo. Cuando lo abordamos como la necesidad de una sola persona, ya no estamos haciendo el amor. Solo estamos teniendo sexo. Y eso puede llegar a convertirse en algo realmente superficial.

PASO DE ACCIÓN: Mantengan un "registro sexual" mutuo. Comiencen la conversación enumerando todas las cosas que ambos adoran del sexo. Luego pregúntense: ¿Qué piensas de la frecuencia con que lo hacemos? ¿De nuestro grado de pasión? ¿De nuestro grado de placer? ¿Cómo podemos mejorar?

Problema # 2: Los hombres quieren que los amen, no que los apacigüen

Eso de "solo decir que sí" plantea otra trampa potencial. Implica que lo que los hombres necesitan es alivio sexual e ignora el hecho de que los hombres también anhelan intimidad sexual.

Después de pasar varios años de casada poniéndome ropa poco provocativa para apagar el deseo de Keith, tuve una epifanía. ¡Intentaría el método opuesto! Me convertiría en la mejor esposa del mundo y nunca, nunca, le diría que no.

Y lo hice. Durante varias semanas, no le dije que no, ni siquiera una vez. A pesar de eso, él se acercó a mí un día, desanimado, y me dijo: "Siento que nunca hacemos el amor".

Discutimos por eso. Allí estaba yo, sacrificándome tanto para que finalmente dejara de molestarme, ¡y aún así se quejaba! Así que saqué un calendario y comencé a marcar los días que habíamos tenido sexo. La próxima vez que me dijo: "Siento que nunca hacemos el amor", le mostré el calendario y le dije: "¡No tienes motivos para quejarte, amigo!".

Luego de la acalorada conversación que tuvimos esa noche, finalmente lo entendí. Keith no quería que lo apaciguara, él quería que lo amara. Las mujeres a veces no entienden que los hombres necesitan sentir que son capaces de darles placer a sus esposas. Los hombres no pueden tener relaciones sexuales si no se excitan; físicamente simplemente no funciona. Pero las mujeres pueden tener relaciones sexuales y al mismo tiempo hacer una lista mental de víveres en sus cabezas, y los hombres lo saben. La única manera de saber si una mujer realmente lo quiere es ver si responde ante él. ¿Está usted haciendo el amor, o solo está dejando que él tenga sexo?

Pero eso no suena tan fácil, ¿no? No solo tengo que hacerlo, ¿sino que también debo *desear* hacerlo? ¿No significa eso que mis sentimientos no importan?

Puede parecer que es así, pero en realidad no lo creo. El deseo sexual de una mujer está casi totalmente en su mente. El del hombre es un poco más bajo, pero el de la mujer se apoya casi totalmente en lo que piensa. Cuando piensa positivamente sobre el sexo, el sexo tiende a ser emocionante. Cuando no se siente de humor, el sexo normalmente no funciona muy bien.

Véalo de esta manera: una noche su esposo hace algo que la lleva hasta las nubes. La noche siguiente, él hace exactamente lo mismo, pero usted está acostada pensando: *¿Podrías terminar? Quiero irme a dormir.* No es lo que ellos están haciendo, es *nuestra actitud* hacia lo que ellos están haciendo.

Las mujeres no siempre entendemos ese aspecto de nosotras. Creemos que nuestra libido funciona igual que la de los hombres, y que previamente debemos estar de humor para el sexo. Y así concluimos que antes de hacer el amor debemos estar jadeando, excitadas y emocionadas. Sin embargo, para la mayoría de las mujeres, la excitación llega después de que empiezan a hacer el amor. Cuando decidimos: *¡Esta noche voy a pasarla bien!*, y nos acercamos a ellos, nuestros cuerpos normalmente nos siguen. Al cambiar ese esquema mental, le estamos diciendo a nuestro esposo: *Quiero experimentar esto contigo. Quiero sentirme una contigo.* Y eso es lo que él en realidad desea.

PASO DE ACCIÓN: Inicie el sexo una vez a la semana. Puede hacer el amor más veces, ¡pero asegúrese de iniciarlo por lo menos una vez a la semana!

Problema # 3: La pornografía ha hecho casi imposible la intimidad

La pornografía le ha quitado todo el misterio al sexo haciéndolo rudo, gráfico y perverso. Un exadicto al sexo afirmó en una conferencia TED: "La pornografía ni siquiera utiliza las manos".[5] La parte "misteriosa" del sexo, esa que nos une y nos hace sentir como un solo ser, es removida y remplazada por algo impersonal.

Y cuando eso ocurre, sea el esposo o la esposa el que usa la pornografía (ya que actualmente el 30 por ciento de los adictos a la pornografía son mujeres).[6] La solución de "solo hágalo" no es de utilidad, porque todo nuestro proceso de excitación sexual está mal programado. Fuimos diseñados para excitarnos a partir de una relación, con el amor como un ingrediente clave que estimula la respuesta sexual. Cuando la excitación y el alivio sexual se agrupan con imágenes pornográficas, nuestro cerebro comienza a hacer una conexión entre la excitación sexual y esas imágenes. Y se hace difícil excitarse con una persona de carne y hueso. Unos investigadores italianos descubrieron que el porno tiene consecuencias muy destructivas, especialmente para los hombres: "Con el tiempo [el uso de la pornografía] puede llevar a pérdida de la libido, impotencia y una noción del sexo que está totalmente divorciada de las relaciones en la vida real".[7] La lectura erótica puede tener efectos similares en las mujeres. La excitación se relaciona con la fantasía, en vez de las relaciones, y la respuesta sexual con una persona real se ve seriamente obstaculizada.

Si el sexo es algo que nos ayuda a "conocernos" y a compartir en intimidad, entonces no solo se trata de aumentar la frecuencia. También se trata de eliminar los efectos de los métodos falsos para excitarnos sexualmente, como la pornografía y la lectura erótica.

Redescubra la sexualidad santa

Yo sé lo que es tener una pésima vida sexual, y sé lo que este tener una vida sexual estupenda. ¡Y la segunda es mucho mejor! Incluso si el sexo es un escollo en nuestros matrimonios, podemos saber lo que Dios quiere para nosotros: una hermosa vida sexual con nuestros esposos, que sea mutuamente satisfactoria, que sea íntima y que balancee nuestro mundo. Aquí le explico cómo lograrlo:

Si él tiene la libido baja, descubra la razón

Según la encuesta que hice, 23 por ciento de las mujeres que leerán este libro tienen una libido más alta que sus esposos.[8] Por lo general, pensamos que todos los hombres quieren sexo y que todas las mujeres tienen que ser convencidas; así que si usted forma parte de un matrimonio en el que generalmente usted se siente excitada, mientras que su esposo prefiere más bien dormir, el rechazo es aun peor. Súmele a eso el consejo religioso de "solo hágalo", y es como poner jugo de limón en una herida.

Todos los matrimonios tienen diferencias en la libido, y si usted simplemente desea más sexo que su esposo, tal vez eso no sea mayor problema. Sin embargo, si su esposo raramente desea sexo, o no desea tenerlo en lo absoluto, es necesario investigar por qué su libido se ha derrumbado.

Una libido baja en un hombre normalmente cae en una de estas categorías: tiene bajos niveles de testosterona; tiene problemas médicos que afectan su libido; ha sufrido disfunción sexual en el pasado y ahora está nervioso sobre el sexo; está estresado por otras razones; ha experimentado un trauma en el pasado, incluyendo abuso sexual; o está recibiendo alivio sexual de alguna otra forma, que puede ser a través de la pornografía y la masturbación. Asegúrese de que la libido baja o la disfunción sexual no estén enraizadas en algunos problemas de índole médica, porque eso se puede resolver y muchas causas médicas pueden ser una señal de algo más. Si la causa es el estrés, pregúntele cómo lo puede ayudar a combatirlo. Si es por un trauma del pasado, pídale que busque ayuda de un terapeuta. Dios no quiere que nuestro pasado afecte nuestra vida matrimonial actual.

Pero para la mayoría de los hombres, la libido baja (y a menudo los problemas sexuales que la acompañan, como la disfunción sexual o la eyaculación precoz) son originadas por el uso de la pornografía.[9]

Confronte el pecado sexual

Si su esposo está utilizando pornografía, hacer el amor con mayor frecuencia o actuar como una estrella porno no detendrá la adicción.

Su esposo ha reprogramado su cerebro para excitarse con una imagen más que con una persona y la reacción química tiene que ser atacada antes de que podamos experimentar verdadera intimidad durante el sexo. Pocos hombres pueden superar la seducción de la pornografía sin alguien que los ayude. Utilizando los métodos señalados en algunos de los capítulos anteriores, podemos hablar con nuestros esposos, poner límites y, sobre todo, no tolerar la pornografía en nuestros matrimonios. En el apéndice se enumeran algunos recursos específicos que pueden ayudarle a usted y a su cónyuge a trabajar en esto.

Si es usted la que está luchando contra la pornografía o con la lectura de material erótico, confiésele sus luchas a su esposo. Aunque se sienta humillada, no podrá lograr verdadera intimidad si se repliega. La bloguera Jennifer Smith, alias *La esposa develada*, tuvo muchísimos problemas con el sexo en su primer matrimonio: dolor, vergüenza, rechazo. Dios lidió con cada uno de esos problemas poco a poco, uno a uno. Pero había un aspecto que Jennifer no había revelado: su uso de la pornografía. Ella y su esposo habían abordado el tema del uso de la pornografía por parte de él, pero ella nunca confesó que también lo hacía. La idea de tener que hacerlo la mortificaba.

No obstante, cuando finalmente lo confesó, ella y su esposo alcanzaron un nivel de intimidad que nunca antes habían alcanzado. Jennifer no se estaba guardando nada; le desnudó su alma completamente a su esposo. Y a través de ese único acto, Dios comenzó un proceso de sanación importante tanto en sus corazones como en su alcoba.

Cuando mantenemos el secreto pensamos que nos estamos evitando la vergüenza y que también evitamos lastimar a nuestro esposo, pero en realidad estamos evitando la intimidad. Confiéseselo a alguien y deje de ocultarlo, y verá que la sanación llegará con mayor rapidez.

PASO DE ACCIÓN: Aborde cualquier pecado sexual que exista en su matrimonio, sea de usted o de su cónyuge. Asegúrese de que la pornografía o la lectura erótica no tienen lugar en su matrimonio. Haga que quien tenga el problema rinda cuentas con frecuencia.

Aborde los problemas físicos

Si el sexo es doloroso, el mensaje de "solo hágalo" cae realmente mal. Aunque para la mayoría de las mujeres el sexo es placentero, alrededor del 12 por ciento siente dolor al practicarlo. Entre 1 y 6 por ciento de las mujeres sufre de vaginismo grave,[10] un padecimiento donde los músculos de la vagina se tensan de tal manera que el coito es virtualmente imposible. Existen tratamientos que le pueden ayudar a relajar los músculos y, cuando se siente más cómoda en su matrimonio, la condición normalmente cede.

El problema sexual de Jennifer Smith comenzó siendo físico: no pudo tener relaciones sexuales los primeros cuatro años de matrimonio, debido al dolor y la sequedad extrema. Después de buscar en internet, ella y su esposo descubrieron que ella tenía una sensibilidad extrema a los parabenos, un preservativo muy común en la mayoría de los cosméticos, jabones líquidos y champús. "Tres días después de cambiar mis productos me sentí diferente y pude tener relaciones sexuales sin dolor a las pocas semanas", escribió Jennifer.[11]

Nuestros cuerpos son sistemas complejos, el estrés y el temor pueden ocasionarnos tensiones, pero también causas medioambientales. En conclusión: si esto es un problema para usted, ¡investigue y busque ayuda! No se acostumbre al dolor.

Otras mujeres enfrentan retos sexuales diferentes, desde dolor general crónico a la esclerosis múltiple o la fibromialgia. De nuevo, el mensaje de "él necesita que tengas relaciones sexuales con él", cuando para ellas es doloroso, suena como que Dios no tiene corazón.

Amplíe su visión del sexo para que no sea solo algo físico, sino una actividad relajante. Comience con un baño. Convierta el masaje en una parte integral de las relaciones sexuales. Priorice el orgasmo, bien sea a través de medios manuales o la estimulación oral. El alivio sexual puede ser un magnífico analgésico. Y luego busque ayuda para llegar a la raíz del problema, porque para la mayoría de las mujeres, el dolor durante las relaciones sexuales es tratable, incluso curable.

Convierta el sexo en algo placentero

Si usted pertenece al 40 por ciento de las mujeres casadas que raramente o nunca llegan al orgasmo a través del coito,[12] escuchar las palabras "solo hágalo" puede ser humillante. ¿Qué otro mensaje se puede emplear? Dios creó a la mujer para que experimentara un gran placer sexual. Incluso nos dio una parte de nuestra anatomía, el clítoris, que tiene un único propósito: excitarnos. Cuando llegamos al clímax, ese clímax puede ser mucho más profundo y más intenso que el del hombre. Si nunca lo ha experimentado, puede hacerlo. Tal vez le tome solo un poco de esfuerzo.

Eso es lo que mi amiga Rajdeep descubrió con su esposo. Después de haber estado casada durante un año, se sentía frustrada porque nunca había tenido un orgasmo. Entonces, una mentora sabia le dijo que se tomara su tiempo. Ellos habían estado apresurando las cosas, poniendo demasiada presión en llegar al "gran momento". Pero perseveraron y no se dieron por vencidos, por lo que finalmente consiguieron los resultados deseados.[13]

Experimentar esa sensación tan maravillosa durante el coito les puede tomar a las mujeres incluso más tiempo. Parte del problema es que, como Rajdeep, nos esforzamos tanto, que no nos podemos relajar. Para que llegue el orgasmo, debemos entregarnos al placer, en lugar de tratar de forzarlo. Aprender esto toma tiempo, así como también toma tiempo y confianza relajarnos completamente.

¡Pero es posible lograrlo! Debemos convertir el sexo en un gran proyecto de investigación, que podemos llevar a cabo con nuestros esposos. Podemos comprar libros cristianos sobre cómo tener relaciones sexuales maravillosas (hay algunos enumerados en el apéndice). A muchas mujeres les lleva años conocer todo esto sobre el sexo, pero ese período se puede acortar si aprendemos más sobre nuestra sexualidad, si trabajamos en la amistad con nuestros esposos, para evitar sentirnos avergonzadas, ¡y si nos tomamos nuestro tiempo!

PASO DE ACCIÓN: Pídale a su esposo que la acompañe en un emocionante proyecto de investigación: ¡Descubrir cómo tener

una relación sexual extraordinaria! Seleccione algunos libros de los que aparecen en el apéndice para comenzar a explorar.

Aborde los problemas emocionales

A menudo, la razón por la que nos sentimos incómodas cuando los demás nos dicen "solo hágalo", es que algunas cosas de nuestro pasado han hecho lucir el sexo como algo realmente desagradable. ¿Cómo es posible que algo tan crudo, incluso abusivo, sea la vía por la que Dios quiere que mi esposo experimente el amor? Es casi cruel. La escritora Mary DeMuth ha sido franca al explicar cómo el abuso sexual que sufrió en el pasado casi imposibilita la existencia de esta "esposa sexy" que conocemos. El abuso que sufrió, nos dice, "me hizo pensar que mi único propósito en esta vida era ser usada y violada".[14] Ella ha aprendido a enfocarse en la intimidad, pero el abuso del pasado aún la frena, y ella debe hacer un esfuerzo por no desconectarse.

Una de mis lectoras, Ashleigh, creció en un hogar donde se predicaba tanto la cultura de la pureza que el sexo parecía algo malo. Su cuerpo era considerado una tentación para los hombres, así que se avergonzaba de él. Esos mensajes que recibimos en la infancia sobre el sexo, que aprendemos bien sea a través del abuso o de malas enseñanzas de parte de nuestros padres, pueden dificultar incluso la comprensión del concepto de "hacer el amor". El acto físico parece estar a millas de distancia del amor. Si usted está pasando por esto, por favor busque la ayuda de un terapeuta con el que pueda ventilar sus problemas. Dios no quiere que usted se quede estancada.

Para otras mujeres, el problema no tiene que ver con asuntos emocionales del pasado, sino que son los problemas del presente los que conspiran para que el sexo sea lo último en sus mentes. Mi amiga Cheri, cuya historia narré en el Pensamiento #4, y que está casada con su propia versión de Spock (o de Sheldon), descubrió que el mensaje "solo hágalo" era una manera horrible de salvar la brecha entre ella y su esposo, porque relacionaba una disciplina personal severa con el sexo. Para una mujer cuyo deseo de conexión emocional no estaba satisfecho, decirle que "solo lo hiciera" era abrumador.

Yo lo entiendo porque también estuve en esa posición. Una de las cosas que más me encantaron de mi esposo cuando éramos novios era que nos podíamos sentar a hablar durante horas sobre cosas importantes, sobre cosas banales, o sobre nada en particular. Cuando nos casamos, yo pensaba que de eso se trataba la intimidad: la habilidad de hablar de cualquier cosa y aun sentir que la otra persona te escuchaba. Pero, de alguna manera, en el curso de los primeros años de nuestro matrimonio, perdimos eso. Cuando teníamos una mala semana, me acordaba de cuando éramos novios y deseaba volver a esa "intimidad real". Si solo pudiéramos hablar durante horas otra vez, nos sentiríamos cercanos.

Ahora me doy cuenta de que estaba equivocada.

Hablar y desnudar nuestros corazones es una parte maravillosa de la intimidad, pero no la única. Y en un matrimonio, eso no es suficiente. Cuando no hacemos el amor, o cuando apenas hacemos el amor, la intimidad en nuestro matrimonio disminuye.

Intimidad es compartir algo con nuestro cónyuge que no compartimos con nadie más. Es dejarlo entrar. Es reír juntos. Y también es sentir esa necesidad profunda por el otro. Irónicamente, cuando nos sentimos así, tenemos mayor tendencia a orar juntos, porque ya somos vulnerables con nuestra pareja. Ya hemos dejado de lado todo fingimiento. Es por ello que cuando oramos juntos previamente, el sexo es aún más intenso.

A menudo las mujeres pensamos que necesitamos sentir compenetración desde el punto de vista emocional antes de poder tener relaciones sexuales satisfactorias. Eso es lo natural, porque en general las mujeres necesitan sentirse amadas para desear hacer el amor. Pero, ¿le puedo sugerir algo? Es bueno que usted entienda que funciona al revés para el hombre: *Ellos necesitan hacer el amor para sentirse amados.* Y si nosotras nos concentramos en amarlos de esa manera, siendo más vulnerables y más entregadas, ellos también se sentirán más compenetrados con nosotras en otros aspectos del matrimonio.

Eso fue lo que Cheri descubrió. Cuando comenzó a entender que su Spock experimentaba el amor a través del sexo, y que ese era un regalo que ella podía darle, descubrió que también se sentía más compenetrada con él. No era solo que él se sentía más feliz, sino que ella se sentía más conectada. Por lo tanto, les hacía más fácil trabajar en los problemas que estaban teniendo con esa conexión emocional fuera del dormitorio.

El mismo principio funcionó en mi matrimonio. Cuando comencé a priorizar el sexo, de repente recuperé a mi mejor amigo.

Es necesario que tomemos en cuenta algunas cosas antes de actuar, como el pecado sexual, los problemas físicos, o los traumas sexuales del pasado. Pero la distancia emocional no es una de ellas. Es como la historia del huevo y la gallina: ¿Cuál fue primero, el sexo o la amistad? Es difícil separarlos. Si tenemos una necesidad profunda de amistad, quizás descubramos que es más fácil alcanzarla si priorizamos el sexo.

Si usted ha estado empequeñeciendo la importancia del sexo en su matrimonio porque se siente distante, o porque cree que es demasiado trabajo, tal vez necesite escuchar la perspectiva de un hombre. Acá le muestro el comentario que dejó en mi blog recientemente un hombre cuya mujer aceptaba tener relaciones sexuales apenas una vez al mes:

> "Había poco, por no decir ningún romance en nuestra relación, lo cual no quiere decir que no había amor, amistad y respeto mutuo. A ella le gusta el sexo. Se siente bien. Pero para ella, al contrario de mí, el sexo no era una expresión importante de amor, devoción y unión, sino 'solo sexo'.
>
> Con el paso de los años he intentado todo para entender su punto de vista. Pero el problema es, y no creo que todas las mujeres en realidad lo entiendan, que después de un tiempo todo ese rechazo trae sus consecuencias, y para protegernos tenemos que perder interés en el sexo, o nos volveríamos locos. Los deportes se convierten en algo muy importante, al igual que un trago con los amigos, un libro o un periódico.
>
> Yo amo a mi esposa. Y, sobre todo, tenemos una buena relación. Pero, para ser honesto, es increíble como merma el interés en nuestras esposas cuando se deja de lado el sexo".

Aprenda a "hacer el amor"

Todo lo que hemos estado hablando nos lleva a este último punto: la intimidad espiritual a través del sexo es algo hermoso. No estoy hablando de algo sacado del Kama Sutra o alguna religión oriental. Estoy hablando de ese deseo intenso de conectarnos que forma parte del sexo; no solo el deseo de tener un orgasmo, sino del deseo de unirse. ¿Cómo podemos, en la práctica, experimentar "intimidad espiritual" para que el sexo, más que sexo, sea en realidad hacer el amor?

PASO DE ACCIÓN: Al menos una vez al mes, convierta el sexo en una experiencia romántica e íntima, en vez de solo una actividad placentera. ¡Anótelo en su agenda! Utilice velas. Dense un masaje. Y siguiendo los pasos que le indico a continuación, convierta el sexo en algo que diga "te amo", más que en algo que solo diga "te necesito".

1. Pasen tiempo desnudos

Abrácense. Báñense juntos. ¡Incluso oren juntos desnudos! Toquen sus cuerpos. En realidad, es mucho más íntimo estar desnudos mientras alguien toca nuestro cuerpo que solo estar desnudos cuando "tenemos relaciones sexuales". Cuando nos damos permiso de ser vulnerables, el sexo se convierte en algo más personal.

2. Desnúdense espiritualmente

Esto puede sonar raro, pero recomiendo orar antes del sexo, ¡o al menos leer un Salmo, o algo parecido! Cuándo nos hemos unido espiritualmente con antelación, nuestras almas se juntan. Y cuando nuestras almas se juntan, queremos unirnos de una manera más profunda.

3. Mírense a los ojos

Los ojos son las ventanas del alma y, sin embargo, ¿con cuánta frecuencia cerramos los ojos, como si estuviéramos tratando de callar a la otra persona y concentrarnos en nosotros mismos? Sé que a veces tenemos que cerrar los ojos para sentir todo, pero ábralos ocasionalmente. Verlo realmente, y dejar que él la vea, es algo muy íntimo, especialmente en el punto más alto de la pasión.

4. Diga: "Te amo"

Cuando esté haciendo el amor, incluso cuando tenga un orgasmo, diga: "Te amo". Hacer el amor no es solo sentirse bien, sino expresar nuestro amor. Diga su nombre. Muéstrele que está pensando en él específicamente.

5. Alimente su deseo por su cónyuge

La intimidad emocional durante el sexo al final depende del deseo de estar unida a su esposo. Y ese deseo se alimenta a lo largo del día concentrándose en lo que le gusta de él, coqueteando y jugando con él, diciéndole cosas positivas de él a los demás. No es algo que "solo pasa". Es la cúspide de la relación que ya ustedes tienen.

6. Ría

Una de las cosas más íntimas que existen es compartir un chiste que solo nosotros entendemos. ¡Y a veces nos tomamos el sexo demasiado en serio! Si puede escaparse al dormitorio y jugar a "contra reloj" para hacer un "rapidito" cuando los niños están entretenidos viendo la televisión, estará contenta por el resto del día. Compartir ese tipo de situaciones divertidas y privadas con su pareja es algo íntimo en sí mismo. Así que no tenga miedo de reír, explorar, y disfrutar la compañía del otro.

Muchas dejamos de lado el sexo porque parece una obligación, pero al hacerlo nos estamos privando de la herramienta más profunda que tenemos para sentirnos realmente conectadas y aceptadas por nuestros esposos.

Si el sexo la hace sentirse sucia, o si es una fuente constante de conflictos, ore por las circunstancias de su pasado y libérese. Pero si lo que ocurre es que usted simplemente jamás ha experimentado hacer el amor de esta manera, entonces intente estos pasos. Concéntrense en lo que les encanta del otro. Oren juntos. Memoricen sus cuerpos. Díganse: "Te amo". Mírense a los ojos. Únanse de verdad.

Durante los primeros cuatro años de su matrimonio, Jennifer Smith dudaba de que ella y su esposo pudieran llegar a tener relaciones sexuales, ya que un intenso dolor le impedía entregarse completamente al coito. Intentaron otras actividades de tipo sexual, pero Jennifer se sentía como un fracaso constantemente, así que cualquier tipo de actividad sexual era esporádica.

Cuando finalmente lo solucionaron y pudo superar el dolor, hacer el amor aún no se había convertido en una actividad automática. "Yo aún anticipaba el dolor, así que para mí era difícil ver las relaciones sexuales como algo íntimo", me explicó Jennifer. Gradualmente, cuando empezó a entender cuán amado se sentía su esposo a través del sexo, ella lo comenzó a ver como algo positivo, aunque aún lo hacía casi que exclusivamente por él. No se convirtió también en algo íntimo para ella hasta que decidió pensar: *Yo también puedo tomar la iniciativa. No solo tengo que responder y esperar por él. ¡Puedo empezar todo y pasarla bien!* Cuando empezó a tomar la iniciativa, se involucró en el juego. No estaba esperando que algo ocurriera, *ella* estaba haciendo que ocurriera. ¡Y funcionó!

Le pregunté a Jennifer cómo era el sexo ahora en comparación con esos cuatro años en los que ellos estuvieron luchando, o incluso con sus primeros encuentros. Ella rió y respondió: "No hay comparación. Es un giro de 180 grados. ¡Finalmente sé lo que es la intimidad!". Ella aprendió a hacer el amor, y ahora sienten que son uno.

RESUMEN DE LOS PASOS DE ACCIÓN

1. Haga un "repaso sexual" con su esposo. Piense en lo que a usted más le gusta y en lo que necesita mejorar.

2. Inicie el sexo una vez a la semana.

3. Confronte el pecado sexual, y busque ayuda si alguno de los dos tiene problemas con la pornografía o la literatura erótica.

4. Comience un proyecto de investigación para descubrir de qué manera ambos pueden obtener el mayor placer. Lea libros e investigue.

5. Una vez al mes, programe una sesión sexual más romántica, íntima e intensa, concentrándose en decir: "Te amo", más que: "Te quiero".

Pensamiento #9

Si no soy cuidadosa, nos distanciaremos

Las nutrias marinas duermen tomadas de la mano, o más exactamente, tomadas de las garras. Esta es una de las cosas más adorables de la naturaleza, ligeramente por debajo de los videos de bebés probando limón que se ven en YouTube.

¿Y por qué las nutrias hacen esta cosa tan tierna? Porque de esta manera, cuando están durmiendo, no pueden irse a la deriva y alejarse de la manada. Las nutrias marinas saben que las corrientes pueden hacer que se separen y, si se van a mover, quieren asegurarse de que sus seres queridos se muevan con ellos.

Este es un mamífero bastante inteligente, porque ir a la deriva representa un grave peligro. Una vez leí sobre un experimento en el que los investigadores soltaron una cantidad de "mensajes embotellados" en el mar abierto, en las costas de Brasil, con unas notas que detallaban cómo reclamar una recompensa si alguien los contactaba una vez que encontraran la botella. Una botella llegó flotando hasta las costas de Nicaragua, unos cien días después. A otra botella le tomó más o menos un año viajar en la dirección contraria, a través del Océano Atlántico y alrededor del Cabo de Nueva Esperanza, para finalmente llegar a Tanzania, en la costa este de África.

Las botellas comenzaron su viaje en el mismo lugar, pero al final estaban a medio mundo de distancia una de la otra.

El ritmo natural de la vida nos separa. Las corrientes nos separan; corrientes que a menudo ni siquiera podemos ver. Nadie se casa pensando que terminará separado por medio mundo de distancia, pero si no hacemos un esfuerzo por mantenernos unidos como esas nutrias marinas, muy probablemente nos levantaremos un día, miraremos a nuestro cónyuge y pensaremos: "*¿Quién eres tú?*".

PENSAMIENTO #9: Si no soy cuidadosa, nos distanciaremos.

¿Qué puede detener el alejamiento?

He ayudado a tantos matrimonios que ya perdí la cuenta. Mi esposo tiene una familia grande, y tenemos un muchísimos amigos de la iglesia, así que pareciera que cada mes de mayo y de junio, todos los años, estoy ocupada comprando tarjetas y buscando vestidos para asistir a otra bella boda.

De todas las bodas que he presenciado, solo una vez he pensado: "*Estos se divorciarán en menos de diez años*" (desafortunadamente, tuve razón). Todas las parejas se ven muy enamoradas y, aun así, alrededor del 20 por ciento de los matrimonios cristianos terminan en divorcio. Ahora bien, este número no está cerca de ser tan alto como pudiéramos pensar; Shaunti Feldhahn publicó las cifras reales en su libro *The Good News About Marriage* [Las buenas noticias sobre el matrimonio] y concluyó que la incidencia de divorcios ha sido exagerada ampliamente.[1] Sin embargo, sigue siendo muy preocupante.

¿Cómo una relación en la que se hace una promesa así se convierte en un desastre?

La pareja deja de tener un propósito. Hemos dicho que la unidad es la meta del matrimonio, pero la unidad no es automática. En el último pensamiento vimos cómo hacer para mantenernos en el propósito de compartir intimidad física. Aquí veremos cómo mantenernos en el propósito de compartir nuestra intimidad espiritual y emocional.

Propóngase la intimidad espiritual

El filósofo del siglo XVI, Blaise Pascal argumentó, básicamente, que todos fuimos creados con un "vacío que tiene la forma de Dios" que solo puede ser llenado por nuestro Creador.[2] Deseamos intimidad, aceptación y amor, pero ese anhelo solo puede ser totalmente satisfecho por Dios, no por nuestro compañero. Esta es probablemente la razón por la que Shaunti Feldhahn descubrió durante su investigación, que las parejas cristianas eran más felices: 53 por ciento de las parejas altamente felices buscaban a Dios para obtener satisfacción, no a su cónyuge; comparado con apenas el 7 por ciento de las parejas con dificultades.[3] Nuestro anhelo de intimidad con Dios es nuestro deseo más importante.

Lamentablemente, para muchas parejas, la intimidad espiritual no siempre se consigue con facilidad. ¿Recuerda la historia que conté en el pensamiento #5 sobre la lectora que pensaba que su esposo, aficionado a las actividades al aire libre, no era un líder espiritual porque no guiaba a su familia a orar? En este caso, la espiritualidad los estaba separando.

En su libro *Sacred Pathways* [Senderos sagrados], Gary Thomas sugiere un método diferente de adorar y conectarnos espiritualmente. Él afirma que hay nueve tipos de temperamentos espirituales, o preferencias, para relacionarnos con Dios y nutrir nuestra alma.[4] Cada uno no es necesariamente mejor o peor que otro, simplemente diferente. El esposo de mi lectora se relaciona con Dios en la naturaleza y a través del servicio. Ella se relaciona con Dios con lápices de colores, diarios de oración, y resaltadores. La iglesia suele elogiar la manera intelectual de ella y la hace lucir como si fuera la manera "correcta", aun cuando ella y su esposo comparten el mismo anhelo por Dios, solo que lo expresan de forma diferente. El versículo favorito de ella debe ser: "Tu palabra es una lámpara a mis pies; es una luz en mi sendero" (Sal. 119:105), mientras que el de él debe ser: "Cual ciervo jadeante en busca del agua, así te busca, oh Dios, todo mi ser" (Sal. 42:1).

Los nueve estilos espirituales se pueden encontrar en las Escrituras y en la historia de la Iglesia, pero tenemos la tendencia a extraer solo nuestros favoritos y mostrarlos como la manera "correcta" de ejercitar la espiritualidad dentro de nuestras familias. Esto puede ser contraproducente, porque si nos inclinamos más hacia la parte de la oración y la lectura de la Biblia; o incluso si no lo hacemos, pero esperamos que nuestro esposo lo haga; estamos enviándole este mensaje: "*No eres lo suficientemente espiritual*". Esto puede acelerar el alejamiento.

Algunas veces observo a mi amiga y a su esposo amante de la naturaleza y me pregunto por qué ella no puede ver lo que el resto de nosotros sí ve: un papá muy involucrado que dedica su tiempo a conocer mejor a sus hijos y los amigos de ellos. ¿Qué pasaría si ella dejara de sentirse amargada porque no oran diariamente en familia y comenzara cada día diciendo: "¡Es increíble cómo ellos admiran la creación de nuestro amoroso Dios! ¡Su entusiasmo es contagioso!"?

PASO DE ACCIÓN: Estudie a su esposo y dese cuenta de cuál es su preferencia espiritual. Luego, valídela y reconózcala.

Oren juntos

Aunque su esposo tenga un estilo espiritual diferente al suyo, pueden orar juntos. La oración cierra la brecha que los aleja a ambos, y es poderosa. No obstante, para muchos orar en voz alta es, junto con hablar en público, una de las cosas más atemorizantes que podemos hacer. John y Stacy Eldredge describieron la oración conjunta de esta manera: "La oración es un acto muy íntimo, en el que nos hacemos vulnerables. Es, afortunadamente, el momento en el que estamos menos a la defensiva, cuando somos más honestos".[5] Ese tipo de vulnerabilidad puede asustar, pero también es la puerta de entrada hacia una intimidad espiritual más profunda y duradera. Demasiadas parejas se quedan sin experimentarlo, porque no oran juntas.

¿Cómo podemos hacer para que orar nos ponga menos nerviosas?

Comience preguntándole a su esposo si usted puede orar con él por algo específico. Decir: "Podemos orar juntos" da más temor que decir:

"¿Podemos tomar un momento para orar por el problema de *bullying* que está sufriendo Johnny en la escuela?". Lo primero suena como algo que va desde: "Quiero que nos arrodillemos durante dos horas" hasta: "Quiero orar para que nuestro pésimo y horrible matrimonio sea transformado completamente". Él tal vez no sepa cómo interpretarlo, así que comience con algo específico, con límites, en su solicitud.

Cuando oren por algo en específico, apéguense a ello. Si su esposo no se siente cómodo orando en voz alta, entonces no se adorne mucho usted al hacerlo. Oren de la forma en que lo haría el que se siente menos cómodo. Tome en serio esta advertencia práctica de Salomón: "No te apresures, ni con la boca ni con la mente, a proferir ante Dios palabra alguna; él está en el cielo y tú estás en la tierra. Mide, pues, tus palabras" (Ec. 5:2).

Si orar en voz alta sigue poniéndolos nerviosos, ¿qué tal si utiliza oraciones escritas? Durante un tiempo, nuestra familia asistió a una iglesia anglicana, y descubrí que el libro de oraciones es realmente hermoso. Ahora asistimos a una iglesia más evangélica, pero tanto Keith como yo extrañamos la intensidad de las oraciones anglicanas (usando el lenguaje de Gary Thomas, Keith y yo compartimos un estilo espiritual que está enraizado en la liturgia tradicional). Así que compramos unos libros de oraciones y cada tanto los utilizamos para orar en familia, especialmente cuando estamos acampando juntos. Tenemos un libro de oraciones celtas que nos encanta, y hay algo especial en las oraciones irlandesas, cuando estamos al aire libre, ¡que realmente funciona!

Su vida espiritual debe ser algo que los mantenga juntos, como tomarse de las garras para que ninguna corriente los separe. Pero, el que los una o los separe, depende de su actitud. ¿Se acerca usted a su esposo esperando que él se comporte de una cierta manera estereotipada, o le está dejando espacio a Dios para hacer algo que puede salirse de lo convencional?

PASO DE ACCIÓN: Haga de la oración una parte habitual de su matrimonio, aunque sea a través de unas pocas frases, o de oraciones ya escritas.

Propóngase la intimidad emocional

Una noche, él llega a casa del trabajo, tambaleándose, agotado, y en vez de sentarse junto a ella en la mesa para cenar, toma su cena, levanta sus pies y se pone a ver televisión. Ella también está cansada, así que luego de que los niños se van a dormir ella se retira para navegar por Pinterest. Algunas veces más en la semana recrean la misma escena, y pronto esto se convierte en la rutina de todas las noches. Una vez que la pareja deja de comunicarse, reír, y compartir, entonces lo único que los mantiene unidos son los hijos. Y con el tiempo eso ya no será suficiente. La brecha se ha vuelto muy amplia.

La única manera de detener el alejamiento es teniendo un propósito. La pereza no es una opción. En Proverbios 10:4, Salomón escribió: "Las manos ociosas conducen a la pobreza; las manos hábiles atraen riquezas". Salomón tal vez pudo haber estado hablando de la pereza con respecto al trabajo y al dinero, pero este mismo principio es válido para las relaciones. Si queremos ser ricos en nuestro matrimonio, no podemos ser perezosos.

Brad Wilcox, de la Universidad de Virginia, ha estudiado extensamente a parejas felizmente casadas, y ha descubierto que el 83 por cierto de las parejas altamente felices pasan al menos treinta minutos a la semana haciendo alguna actividad juntos, comparados con apenas el 35 por ciento de las parejas con dificultades.[6] Pero esto no ocurre porque la gente feliz se inclina a compartir más, ¡ocurre porque la gente que comparte más es feliz! Tan solo el poder estar juntos tiende a incrementar la felicidad. Sin embargo, cuando hay tensión en la pareja, naturalmente queremos alejarnos y pasar menos tiempo juntos. Esto es un gran error, dice Shaunti Feldhahn.[7] En su investigación, ella encontró que cuando las parejas estresadas pasan más tiempo juntas en lugar de menos tiempo juntas, el estrés suele disiparse.

Cuéntense cómo fue su día

Mi tía y mi tío han estado casados durante cuarenta y tres años. Ninguna pareja pasa más tiempo haciendo cosas juntos que ellos. ¡Incluso han trabajado juntos en su propio negocio en casa durante varias décadas! Ellos practican canotaje, montan bicicleta, asisten a sesiones de danza irlandesa. Pero este año comenzaron a "practicar" diariamente un nuevo ejercicio, que los hace sentirse aun más cercanos emocionalmente. Al final del día, ambos se sientan en sus cómodas sillas, frente a la chimenea, a la luz de las velas, y comparten sus "alientos" y "desalientos" del día.

Basados en los escritos de Ignacio,[8] ellos se ponen a conversar sobre lo que les insufla vida ese día (sus alientos) y lo que sienten que les quita vida (sus desalientos). Algunas personas han llamado a este ejercicio sus "altas" y "bajas", pero ellos prefieren no pensar simplemente en lo que los hace felices o tristes, sino en lo que verdaderamente les da energía y lo que no, ya que algunas veces se trata de cosas distintas. La regla es: no hay respuestas correctas o incorrectas, ni se puede criticar al otro. Solo se escucha y se aprende.

Tal vez usted piense que una pareja que ya pasa tanto tiempo junta no necesita esto, pero mi tía se ha dado cuenta de que al compartir lo que le ha pasado durante el día, tiene que analizarlo. Tiene que responder las preguntas por sí misma. También ha descubierto que cuando comparten lo que les pasó en el día pueden observar patrones, sobre todo en el caso de los desalientos. Han aprendido más sobre lo que los hace unirse mutuamente; incluso después de estar más de cuarenta años juntos.

Keith y yo también comenzamos este ejercicio durante nuestra última "época ajetreada". Nos dimos cuenta de que, a pesar de que siempre hemos hablado mucho, nunca habíamos tenido el propósito de profundizar y compartir nuestras vulnerabilidades y miedos. Gracias a esa elección intencional de contarnos las cosas, ahora incluso si hemos estado alejados durante varios días, podemos comunicarnos por Skype o hablar a diario y seguir sabiendo cómo le está yendo emocionalmente al otro. Nos contamos las cosas no solo para saber lo que hemos hecho ese día, sino para saber cómo nos sentimos y qué nos ha desestabilizado, o qué nos ha traído paz. Además de permanecer en contacto con Keith, ¡esos momentos también se han convertido en oportunidades para aprender más de mí misma!

PASO DE ACCIÓN: Tómese cada día cinco minutos y comparta con su esposo sus "alientos" y "desalientos". Si lo desea, hágalo a la luz de las velas para hacer el momento más especial.

Cultive la amistad

La amistad en el matrimonio es el pegamento que nos mantiene unidos. Cuando somos amigos, construimos la buena voluntad. Esa buena voluntad es como un depósito que hacemos en el banco de la relación. Lo que hace especial una cuenta en el banco de la relación, es que nunca puede sobregirarse. Si vamos a realizar un retiro, por ejemplo, abordando un problema difícil, entonces primero necesitamos tener un saldo disponible allí.

Algunos tenemos el hábito de construir la buena voluntad cuando somos novios, porque pensamos en las cosas que queremos hacer y nos gusta pasar ratos juntos. Pero después de la boda, cuando la vida se vuelve ocupada, establecemos una rutina que incluye pasar mucho menos tiempo juntos. Otros nunca hemos sido amigos realmente, incluso antes de casarnos. Nos amamos, pero realmente nunca hemos *hecho* nada juntos. Nuestra rutina de citas consistía más que todo en ver películas o besarnos. ¿Cómo podemos construir una amistad con nuestros esposos ahora, si no tenemos un historial de actividades que hayamos compartido juntos?

Pensemos en comunicarnos "lado a lado", no "cara a cara".

Cuando las mujeres contemplamos pasar tiempo con nuestros esposos, con frecuencia imaginamos encuentros de cara a cara. Cuando queremos compartir con nuestro esposo lo que tenemos en nuestro corazón, pensamos en sentarnos con una taza de café, mirándonos a los ojos y hablando sobre nuestro día. Pero si le decimos a nuestro esposo: "Quiero pasar quince minutos al día simplemente hablando contigo", seguramente se pondrá nervioso. Pensará que está en problemas.

La comunicación de los hombres es por lo general de lado a lado, es decir, cuando están haciendo algo con nosotras. A las mujeres les gusta comunicarse cara a cara. ¡Pero la comunicación ocurre igualmente! Así qué en lugar de decir: "Quiero pasar quince minutos hablando", mejor diga: "¿Podemos hacer una caminata cada noche después de cenar para hacer un poco de ejercicio y tomar aire fresco?". El efecto es el mismo: quince minutos de conversación, pero la dinámica es diferente.

He mencionado este concepto muchas veces en mi blog, y recientemente una joven mamá me envió un correo electrónico para contarme que este sencillo ritual le ha dado un giro a su matrimonio. Puede parecer algo pequeño, pero poner a los niños en sus coches y salir a pasear a pie todas las noches le permite conectarse con su esposo. Ha dejado de lamentarse porque él nunca habla con ella. Se han compenetrado, se han reído, y se sienten conectados de nuevo.

PASO DE ACCIÓN: Aporten ideas para pasar tiempo juntos semanalmente, lado a lado. Salgan a caminar, practiquen un deporte, exploren un nuevo lugar, reparen la casa, hagan un rompecabezas. Hagan algo, ¡lo que sea! Luego, prográmenlo de forma habitual.

Megan, una amiga mía cuyos hijos practican hockey, vio que al identificar una manera sencilla de pasar tiempo con su esposo Doug, también mejoró su matrimonio drásticamente. Se dio cuenta de que ella y su esposo se estaban sintiendo cada vez más y más distantes porque no tenían mucho tiempo para compartir juntos. Se turnaban para llevar a los niños a las prácticas y a los juegos, y así cada uno podía tener tiempo para sí mismo durante la semana. Pero Megan empezó a darse cuenta que necesitaba pasar tiempo con Doug más de lo que necesitaba tener tiempo para sí misma, así que comenzó a acompañar a Doug los días que le tocaban a él llevar a los niños al hockey. Veinte minutos en el automóvil, una hora y media sentados en una fría banca en la cancha de hockey, y veinte minutos en el automóvil de regreso a casa era bastante tiempo para poner al día con él.

Duke Vipperman, un pastor amigo mío que está construyendo una iglesia en el casco urbano de Toronto, ha concluido que "la verdadera unión viene solo cuando podemos desperdiciar tiempo juntos".[9] El solo hecho de estar juntos, aunque no haya nada programado, puede cosechar importantes beneficios. Las parejas que pasan tiempo juntos, incluso si no hacen mucho de nada, casi nunca se alejarán.

Propóngase poner el matrimonio antes que los niños

¿Es usted una mejor esposa o una mejor madre?

Hago esta pregunta con frecuencia cuando hablo en conferencias, y la "mejor madre" siempre gana. Tan pronto como nacen nuestros hijos, sentimos como si nuestro corazón quisiera salírsenos del pecho. Los amamos tanto, y no queremos hacerles daño. ¡Y son tan frágiles! Nuestros esposos, que son adultos, deberían ser capaces de defenderse por sí mismos, ¿verdad? Los niños nos necesitan más.

CREENCIA POPULAR: Sus hijos son niños, y ellos la necesitan. Su esposo es un adulto, y él puede valerse por sí mismo.

Esto es lo que piensa el mundo. Y yo creo que es un error.

No podremos ser una buena madre si primero no somos una buena esposa, porque el mejor regalo que les podemos dar a nuestros hijos es amar a su padre. Los niños que vienen de hogares estables, donde los padres se aman, tienen mayores probabilidades de tener sus propias relaciones saludables. Tienen menos probabilidades de usar drogas o alcohol en la adolescencia. Tienen menos probabilidades de tener hijos antes de casarse. Tienen más probabilidades de completar sus estudios. Tienen menos probabilidades de cometer crímenes. ¡Incluso tienen menos probabilidades de ser obesos! Y muchas más probabilidades de ser felices y emocionalmente seguros.[10]

Si le dice que no a sus hijos en beneficio de su papá, quizás pueda sentir que está haciendo algo malo, como si de algún modo estuviera siendo egoísta. Pero no es así. *Les está dando un regalo a sus hijos.*

Si se pasa la vida llevando a sus hijos en el automóvil para las actividades extracurriculares, pero no tiene tiempo ni energías para hablar con su esposo cada noche, tal vez esté sacrificando el ser esposa por ser madre. Sus hijos no necesitan participar en todas las actividades, incluso si tienen un don para hacer alguna. Ellos lo que necesitan es una familia sólida.

Si agota toda su energía en sus hijos y no toma un tiempo para usted, por lo que al final del día queda exhausta, les está dando lo mejor a sus hijos en vez de a su esposo. Sus hijos sobrevivirán viendo un video o dos; así podrá descansar durante el día y leer un libro o relajarse, para ayudarla a pensar con claridad más tarde.

Si usted pasa horas intentando hacer que los niños vayan a dormir, o se acuesta con ellos (o los pone a dormir en *su* cama) y al final termina pasando el rato con los niños en vez de pasarlo con su esposo, tal vez pueda tener un problema.

Necesita tiempo con su esposo, incluso si eso significa que sus hijos no tendrán toda su atención. Claro, sus hijos podrán quejarse y llorar, pero *son niños*. Por naturaleza, ellos son individualistas, y no saben lo que es mejor para ellos. No son suficientemente maduros como para entender que lo que ellos realmente quieren son dos padres que se amen el uno al otro. Ore para responder a la pregunta: *¿Estoy sacrificando mi matrimonio por mis hijos?* En definitiva, ellos no quieren que haga eso. No deje que sus hijos se conviertan en una corriente que los separe.

PASO DE ACCIÓN: Pregúntele a su esposo: "¿Te estoy descuidando por culpa de los niños?". Hablen sobre las maneras en que las exigencias de los niños pueden reducir su energía y su tiempo. Pónganse de acuerdo en algo que dejará de hacer con los niños y algo que comenzará a realizar con su esposo.

Propóngase ir a dormir juntos

Quiero terminar el libro con un paso de acción que es relativamente sencillo, pero que puede marcar la diferencia más grande en nuestro matrimonio: ir a la cama al mismo tiempo. Al igual que las nutrias, al cerrar los ojos y tomarse de las garras, también necesitamos entregarnos al sueño juntos.

A lo largo de los últimos años he hablado con miles de parejas en conferencias y seminarios matrimoniales, y todavía escucho historias sobre cómo: "Nunca hablamos" o "Nunca hacemos nada juntos", o incluso: "Nuestra vida sexual es prácticamente inexistente". Y a menudo, cuando empiezo a indagar sobre el problema, escucho una historia similar: "No nos vamos a la cama al mismo tiempo".

Me voy a aventurar a decir que en la mayoría de los hogares de hoy, después de que se termina la cena, varios miembros de la familia se dispersan hacia sus propias pantallas, sea la computadora, el televisor o la consola de videojuegos. Y, finalmente, alguno se cansa y se va a la cama, pero la otra persona no va a ir a acompañarlo sino hasta varias horas después.

Y después nos preguntamos por qué estamos desconectados.

Cuando leía con mis hijos la serie de libros de *La pequeña casa de la pradera*, una cosa que siempre me asombraba era lo temprano que todos se levantaban. Pa se levantaba antes que saliera el sol para tener todo listo en la granja para el día. Pero la razón por la que él podía levantarse tan temprano sin necesidad de una alarma era porque se iba a la cama al ocultarse el sol.

Con la llegada de la electricidad, comenzamos a quedarnos despiertos hasta tarde, porque nos dimos cuenta de que todavía podíamos ser productivos incluso después de que el sol se había ocultado. Pero recuerdo que cuando yo era niña, la mayoría de la gente seguía yéndose a la cama a las once de la noche. La razón era muy sencilla: todos los programas buenos de televisión terminaban a esa hora. Así como la electricidad pospuso la hora de irnos a dormir, ahora las computadoras prácticamente la han eliminado por completo. Con la internet y los videojuegos podemos hacer exactamente lo mismo a la una y media de la madrugada como a las ocho de la noche. Nuestros aparatos electrónicos nos absorben.

¿Cómo podemos mantener vivo un matrimonio si nos dispersamos en las noches? Keith y yo pasamos mucho tiempo conversando en la cama, o incluso conversando mientras nos preparamos para irnos a dormir. Es un ritual importante pasar los últimos momentos del día apoyándonos el uno al otro. No estoy hablando simplemente de sexo. Por supuesto, será mucho más difícil conectarnos sexualmente si no nos vamos a la cama al mismo tiempo. Pero es que será más difícil conectarnos *en absoluto*.

PASO DE ACCIÓN: Determine a qué hora necesita levantarse en la mañana, y cuente hacia atrás desde allí. Si usted necesita ocho horas y media de sueño, y tiene que levantarse a las seis y media, entonces usted necesita dormirse a las diez e irse a la cama a las nueve y media.

Sé que no es posible para las parejas dormirse juntos cuando alguno trabaja por turnos, y estos horarios difíciles tienen sus propios retos particulares. Mi esposo y yo hemos lidiado con esto de forma intermitente a lo largo de nuestro matrimonio. Aun así, incluso si ninguno trabaja por turnos, la mayoría de nosotros podríamos contrarrestar mejor esa deriva si nos acostáramos a dormir juntos y nos levantáramos juntos.

Para mí, esto significa irme a dormir más temprano y levantarme más temprano para poder compartir una taza de café con Keith antes de que se vaya a trabajar. Muchas veces, él necesita salir de la casa a las seis y media, y esto es un gran sacrificio para mí, puesto que trabajo en casa y puedo dormir hasta las nueve si lo deseo. Pero una vez que uno se acostumbra, ya no es la gran cosa. Y esto hace que el día comience de forma correcta.

Quiero terminar el libro con esta sugerencia, porque es algo relativamente fácil de hacer: duérmanse juntos. Cuando dejemos de suponer que mantenernos cerca es lo natural y nos demos cuenta de que el alejamiento sí es lo natural, entonces tendremos el propósito de mantenernos juntos. Pero tener el propósito no siempre implica hacer grandes cambios. Algunas veces solo hacer unos pequeños retoques en lo que hacemos diariamente puede detener el alejamiento.

Un buen matrimonio no ocurre por accidente

Ya hemos visto nueve pensamientos que, espero, han desafiado la manera en la que usted ve su matrimonio. No se trata de sentarse y esperar que alguien haga de su relación algo fantástico. No se trata de tragarse sus sentimientos o tratar de mantener la paz. Se trata de poner su energía y sus esfuerzos para alcanzar la unidad que desea. Se trata de tener un *propósito.*

Esto ocurre cuando vemos al matrimonio como el inicio, no como el final, del trabajo que hacemos para mantenernos enamorados. Ocurre cuando decidimos, a diario, que *vamos a amar a nuestros hombres.* Viene de la decisión de ser buenas.

¿Buenas? Eso puede sonar un poco extraño, pero tal vez es el pensamiento que mejor abarca los otros nueve. Un gran matrimonio no se trata de ser agradables; un gran matrimonio se trata de ser *buenas.* Muchas mujeres se concentran en ser agradables: "Voy a poner mi cara feliz el día de hoy", y pasan por alto ser buenas.

Una mujer agradable quiere el bienestar de los demás, pero lo hace mayormente lidiando con problemas superficiales e ignorando los problemas sentimentales importantes subyacentes. No tiene un propósito: reacciona a lo que pasa a su alrededor. Una mujer buena, por otro lado, actúa. Quiere ser parte de lo que Dios está haciendo. Y algunas veces eso termina haciendo que no parezca muy agradable.

No fue muy agradable de parte de Lily dejar de pagar las cuentas y dejar que se hicieran sentir las consecuencias cuando su esposo no cumplía con sus responsabilidades, pero fue bueno. No fue agradable de parte de Pablo gritarle a Pedro en público, pero fue bueno. No es agradable de parte de una esposa decir: "Cuando hacemos el amor veo que eres un poco brusco y se me hace difícil poder disfrutarlo. ¿Podemos ver qué hacer para que yo también me sienta excitada?", pero es bueno. No es agradable que una mamá le diga a sus hijos: "Tienen que dormir en sus propias camas sin quejarse, porque papi y yo necesitamos estar juntos", pero es bueno. No suena muy agradable susurrarle a su esposo: "¿Sabes lo que quiero hacerte esta noche?", mientras deja que sus manos paseen, pero es *muy* bueno.

Tener el propósito de fortalecer nuestros matrimonios de la manera en que Dios lo planeó, es ser buenas, incluso cuando a veces se haga difícil. Jennifer Degler y Paul Coughlin señalan en su libro *No More Christian Nice Girl [Se acabó la chica cristiana agradable]*: "Jesús dijo en Mateo 5:13: 'Ustedes son la sal de la tierra', no el azúcar de la tierra".[11] Estamos llamadas a preservar las cosas de manera que se mantengan frescas; no a endulzar las cosas para disfrazar lo que está podrido por debajo.

Tener un propósito es importante. He aquí una buena noticia: no es solo que tener un propósito sea lo correcto y moral, sino que tener un propósito, y poner esas cosas en práctica, también nos dará el matrimonio que tanto hemos soñado.

En su extraordinario libro *The Case for Marriage [En defensa del matrimonio],* Linda Waite y Maggie Gallagher analizaron los números de todas las encuestas confiables sobre matrimonios que pudieron encontrar. Uno de los estudios más interesantes que citaron tenía que ver con la felicidad y el divorcio: a varios miles de parejas se les pidió que calificaran su matrimonio en una escala del uno al ocho, donde ocho era pésimo y uno era maravilloso. Luego, a todos aquellos que calificaron su matrimonio con un ocho o un siete se les hizo un seguimiento durante cinco años.

Los investigadores descubrieron que las parejas que se divorciaron durante esos cinco años tenían una mayor probabilidad de presentar infelicidad personal al finalizar los cinco años de seguimiento, que las parejas que se habían mantenido juntas. Es un hecho aun más interesante que el 87 por ciento de las parejas que permanecieron juntas ahora calificaran a su matrimonio como más feliz que antes, y un 78 por ciento de esas parejas más felices lo calificaron lo más alto que pudieron. Quizá comenzaron siendo los más tristes, pero terminaron siendo los más felices.[12]

Solo porque usted esté atravesando por una situación difícil no significa que está destinada a quedarse ahí. Apegarse a sus votos muchas veces mejora su matrimonio. Si usted va a permanecer en su matrimonio y cerrar esa puerta trasera herméticamente, ¡entonces lo mejor es hacer que funcione! Enfrentará lo que ha estado haciendo mal y comenzará a pedirle a Dios que la cambie a *usted*. Decidirá perdonar y dejar pasar algunas cosas. Llenará su vida con cosas que la harán feliz. Lidiará con los problemas subyacentes. Y, de forma lenta pero segura, su matrimonio se hará más fuerte.

Cuando bajaron del altar, usted creía que ese hombre iba a hacerla feliz durante el resto de su vida. Ahora tal vez se ha dado cuenta de que él no tiene esa capacidad. Pero si usted tiene el propósito, si se rinde ante lo que Dios quiere hacer dentro y a través de usted, y comienza a asumir la responsabilidad de las cosas que están bajo su control, descubrirá que él es la persona *con quien* usted podrá ser feliz durante el resto de su vida. Y esa es una bendición realmente hermosa.

RESUMEN DE LOS PASOS DE ACCIÓN

1. Averigüe cuál es el estilo espiritual de su esposo. Valídelo y reconózcalo.
2. Haga de la oración una parte habitual de su matrimonio.
3. Compartan sus "alientos" y "desalientos" a diario.
4. Aporten ideas sobre cómo pasar tiempo "lado a lado" semanalmente.
5. Pregúntele a su esposo: "¿Estoy poniendo a los niños por encima de ti?". Escuche lo que él tiene que decir sin comentar o ponerse a la defensiva.
6. Establezca una hora para irse a la cama cuando se retiren en la noche juntos.

Reconocimientos

El matrimonio es el proyecto de investigación más divertido que jamás he hecho, ¡y Keith y yo aún no hemos terminado! Estoy eternamente agradecida por mi esposo. Cariño, tú siempre dices que soy la más abnegada de los dos, pero no es así. Viviría todo esto de nuevo contigo, incluso esos primeros años. Estoy muy emocionada por ver qué nos espera en los próximos años de ministerio.

Este libro fue realmente un parto de amor, ¡o al menos un parto de alguna clase! Tuve varios problemas de salud (que no amenazaron mi vida en lo absoluto), y aun así pude cumplir con mis fechas de entrega. Mucho de esto se debió enteramente a mi esposo; a mi mamá (que me permite hacerle todo tipo de consultas); a Susan Douglas, mi mejor amiga; a mis hermosos hijos, incluyendo a Rebecca, que me dejó vivir en su casa durante tres semanas cuando necesitaba escapar y concentrarme en la escritura. Muchas gracias a todos, y espero que estos días de dependencia de comida ordenada por teléfono queden en el pasado.

Y en este alumbramiento, mi editora, Ginger Kolbaba fue mi comadrona. Ginger, hubo momentos en los que realmente no me agradabas, pero ahora soy tu más grande seguidora. El proceso fue duro, pero estoy muy feliz con el resultado final.

Chip MacGregor, mi agente, ha sido un gran defensor y amigo. Gracias por creer en mí y salir en mi apoyo de forma tan entusiasta.

Laura Berker y el equipo de WaterBrook apoyaron este libro desde el principio. ¡Gracias por ese apoyo y por darme la bienvenida a Colorado Springs!

Shaunti Feldhahn, Gary Thomas, Leslie Vernick, Bill y Pam Farrel y Shannon Ethridge son amigos personales que han contribuido mucho en el campo del matrimonio. Gracias por dejarme compartir sus puntos de vista en este libro. Es un privilegio ser su compañera.

A Holly Smith y Tammy Arsenau, que trabajaron tras bambalinas para mantener mi blog, *To Love, Honor and Vacuum [Para amar, honrar y pasar la aspiradora]*, y mi agenda de conferencias fluyendo. Es maravilloso dejar todo eso en sus competentes manos cuando tengo que escribir. ¡Y me encanta tener amigas para desahogarme cuando sea necesario también! Y a Barb Kenniphaas, que me ayudó en una versión inicial de este libro, aprecio mucho tu retroalimentación y tu insistencia en el uso adecuado de las comas.

A Sharol y Neil Josephson, Derek y Lisa Wood, y Mollie y Craig Sitwell. ¡Gracias por su amistad y por sus historias, que fueron de gran ayuda! Los amamos, muchachos.

A mi hija Rebecca. Pensé en ti mientras estaba escribiendo esto. ¡Estoy muy emocionada de ser la madre de la novia! Connor, gracias por entrar en nuestras vidas y por convertirte en mi amado yerno.

A mi hija Katie. Me encantan nuestras caminatas matutinas cuando necesito relajarme. Tal vez he compartido mucho más acerca de los desastres en el matrimonio de lo que alguien de tu edad debería saber, ¡pero al menos estarás bien preparada para el futuro! Te extrañaré muchísimo el próximo año, pero estoy emocionada por esta próxima etapa en tu vida.

A mi madre, Elizabeth Wray. Eres la persona más sabia que conozco. Espero haber comunicado aquí algo de esa sabiduría.

Finalmente, a mis fieles lectores de *To Love, Honor and Vacuum [Para amar, honrar y pasar la aspiradora]*. Me siento honrada de que tantos de ustedes lean lo que escribo. Aprecio los comentarios, los correos electrónicos, y por supuesto, las respuestas que me dan a toda prisa cuando necesito material desesperadamente y publico una pregunta en Facebook. Muchos de ustedes me ayudaron en este libro, y es más completo gracias a ustedes. Con la ayuda de Dios, espero seguir apuntándoles hacia Él e inspirarlos a crecer en un mejor matrimonio.

Preguntas para discutir

1. Sheila observó que con frecuencia es más fácil mostrar amabilidad hacia los extraños que hacia los que son más cercanos a nosotros, porque conocemos los defectos de nuestros seres queridos. ¿Alguna vez ha sido más difícil para usted ser cariñosa con su esposo? ¿Alguna vez ha intentado mostrar cariño deliberadamente, a pesar de sus sentimientos? ¿Cuál fue el resultado?

2. Una noche su esposo llega tarde a casa, y eso no le molesta en lo absoluto. Otra noche su esposo se retrasa, y le hierve la sangre. ¿Qué marca la diferencia? ¿Cuáles son los "detonantes" más comunes en su matrimonio? ¿De qué manera el tener conciencia de sus detonantes la ayuda a responder de forma diferente?

3. Tal vez sabemos en nuestro interior que "el amor es una decisión, no un sentimiento" y que "la felicidad es algo que usted crea, no algo que ocurre". Sin embargo, nuestra sociedad nos envía un mensaje diferente. ¿Qué cuentos de hadas sobre el amor y el matrimonio hemos escuchado? ¿Cómo estos cuentos de hadas socavan nuestros esfuerzos para construir un buen matrimonio? ¿Cuáles verdades podemos utilizar para luchar contra la destructividad de estos cuentos de hadas?

4. Bastante a menudo, la solución a un problema matrimonial no es que nuestro esposo cambie, sino que nosotras cambiemos.

Sheila enumeró cuatro tipos de cambios que podemos llevar a cabo: solicitarle a nuestro esposo una ayuda específica; incluir cosas en nuestras vidas que nos produzcan gozo; dejar de ser sobrefuncionales; permitir que los demás recojan lo que sembraron. ¿Alguna vez intentó alguno de estos planteamientos? ¿Funcionó? ¿Qué cambio, si lo hay, siente que Dios la está llamando a realizar en este momento? ¿Qué resultados puede anticipar?

5. ¿Qué otras definiciones de *sumisión* conoce? ¿Cómo se comparan con la explicación de Sheila? ¿De qué manera nuestra comprensión de la sumisión puede moldear nuestro matrimonio para bien o para mal?

6. Cuando usted estaba creciendo, ¿qué modelo de resolución de conflictos presenció con más frecuencia: el de construir la paz o el de evitar el conflicto? ¿De qué manera sus antecedentes han influido en la forma en la que usted enfoca sus conflictos? Piense en un conflicto reciente en su matrimonio. ¿Cómo aplicaría usted el modelo de construir la paz en esta situación?

7. ¿Está de acuerdo con la idea de que el conflicto puede ser bueno para el matrimonio? Explique su respuesta. ¿Puede mencionar algunos de los límites saludables que ha trazado para asegurarse de "jugar limpio"?

8. "Solo hágalo". Las mujeres han sido bombardeadas con ese mensaje en lo referente al sexo. Los hombres lo necesitan, Dios lo ordena, ¡así que hágalo! ¿Ha escuchado usted alguna otra versión de este mensaje? Si es así, ¿cuál fue su respuesta? ¿Cuál es el enfoque más saludable para mejorar el sexo y la intimidad en su matrimonio? ¿Piensa que "las razones" para hacer el amor importan a largo plazo?

9. A muchas parejas se les dificulta orar juntos. Si a esta dificultad le sumamos nuestras ideas preconcebidas sobre lo que debe hacer un líder espiritual, las parejas podrían llegar a distanciarse espiritualmente. ¿Qué ideas ha sacado sobre como crecer juntos y en comunión con Dios? ¿Cuál es la prioridad de la intimidad espiritual en su matrimonio? ¿Cómo puede usted poner más énfasis en este tipo de intimidad sin que su esposo se sienta incómodo?

10. ¿Qué "corrientes" están ocasionando que usted y su esposo se alejen? ¿Cuáles de las soluciones prácticas que mencionó Sheila pueden detener el alejamiento? ¿Qué otros pasos puede dar para mantenerse juntos y unidos?

11. El tema de este libro es que nuestra manera de pensar sobre el matrimonio influirá en nuestra manera de actuar en el matrimonio. ¿Cuál de estos nueve pensamientos ha sido el más difícil para usted? ¿De qué manera adoptar una nueva mentalidad puede cambiar un aspecto específico de su matrimonio?

Apéndice

Los siguientes libros y recursos (en inglés, pero puede que algunos estén disponibles en español) sobre el matrimonio son mis favoritos en estas categorías:

Haga que su matrimonio sea maravilloso

Chapman, Gary. *Los 5 lenguajes del amor,* Unilit.
Farrel, Bill y Pam Farrel. *Men Are Like Waffles, Women Are Like Spaghetti*. Harvest House.
Thomas, Gary. *A Lifelong Love.* David C. Cook.

El propósito del matrimonio

Keller, Timothy. *The Meaning of Marriage.* Hodder Riverhead.
Thomas, Gary. *Sacred Marriage.* Zondervan.

Sexo

DeMuth, Mary. *Not Marked.* Uncaged Publishing.
Ethridge, Shannon. *The Passion Principles.* Thomas Nelson.
Gregoire, Sheila Wray. *The Good Girl's Guide to Great Sex.* Zondervan.
Gregoire, Sheila Wray. *31 Days to Great Sex.* WordAlive.
McCluskey, Christopher y Rachel McCluskey. *When Two Become One.* Revell.
Tiede, Vicki. *When Your Husband Is Addicted to Pornography.* New Growth.
Wheat, Ed, MD y Gaye Wheat. *Intended for Pleasure.* Revell.

Si la pornografía es un problema en su matrimonio, Covenant Eyes es una buena ayuda en su celular, computadora, o tableta. http://covenanteyes.com. Use el cupón TLHV para obtener un mes gratis.

Manejar conflictos y establecer límites

Cloud, Dr. Henry y Dr. John Townsend. *Boundaries in Marriage.* Zondervan.

Dobson, James. *Love Must Be Tough.* Tyndale.

Downs, Tim y Joy Downs. *Fight Fair.* Moody.

Townsend, John. *Who's Pushing Your Buttons? Handling the Difficult People in Your Life.* Thomas Nelson.

Los roles en el matrimonio

Crabb, Dr. Larry. *Fully Alive: A Biblical Vision of Gender That Frees Men and Women to Live Beyond Stereotypes.* Baker.

Degler, Jennifer y Paul Coughlin. *No More Christian Nice Girl.* Bethany House.

Gregoire, Sheila Wray. *To Love, Honor and Vacuum.* Kregel.

Lewis, Robert ay William Hendricks. *Rocking the Roles.* NavPress.

Scazzero, Geri. *The Emotionally Healthy Woman.* Zondervan.

Notas

¡Hacemos lo que pensamos!

1. Tomado de 1 Pedro 3:1. En el contexto de este versículo, es claro que Pedro está hablando de ganar a los esposos no creyentes para Cristo. Sin embargo, en muchos círculos cristianos este versículo se ha ampliado a todos los aspectos del matrimonio, insinuando que si una mujer no está de acuerdo con lo que hace su marido, ella debe sentarse y permanecer en silencio y por lo tanto animarlo a cambiar gracias al ejemplo de ella.
2. Efesios 6:10.

Pensamiento #1: Mi esposo es mi prójimo

1. ver Mateo 19:4–6.
2. Larry Osborne, *Accidental Pharisees* (Zondervan, 2012).
3. Gary Thomas, "Father-in-Law", *Gary Thomas: Closer to Christ, Closer to Others*, 29 de octubre de 2014, www.garythomas.com.
4. Bill Farrel y Pam Farrel, *Men Are Like Waffles, Women Are Like Spaghetti* (Harvest House, 2007).

Pensamiento #2: Mi esposo no me puede hacer enojar

1. Peter Kreeft, *Prayer for Beginners* (San Francisco: Ignatius, 2000), edición para Kindle, cap. 18, párrafo 4.
2. PinkPad es una aplicación para llevar control del ciclo menstrual que puede registrar sus estados de ánimo, sus síntomas físicos, e incluso cuando hace el amor, de modo que puede llevar control de su libido. También le ayuda a conocer sus períodos fértiles. Puede bajarla aquí: http://pinkp.ad/pinkpad/home.
3. Ver, por ejemplo: *Emerson Eggerichs, Love and Respect.* (Thomas Nelson, 2004).
4. Tomado del discurso: "Highly Happy Marriages" dado por Shaunti Feldhahn, el 25 de octubre de 2014, a favor de la Neeje Association for Women and Family, en Ottawa, Ontario, Canadá.
5. Shaunti Feldhahn, *The Surprising Secrets of Highly Happy Marriages* (Multnomah, 2013), p. 30.

6. Feldhahn, *Secrets of Highly Happy Marriages*, p. 221.
7. Historia personal de un lector citada con su permiso.
8. Feldhahn, *Secrets of Highly Happy Marriages*, p. 48.
9. Feldhahn, *Secrets of Highly Happy Marriages*, p. 49.
10. Feldhahn, *Secrets of Highly Happy Marriages*, p. 111.

Pensamiento #3: Mi esposo no fue puesto en la tierra para hacerme feliz

1. L. J. Smith, *Secret Vampire, Night World*, t. 1 (Hodder Children's Books, 1997), p. 68.
2. Rainbow Rowell, *Eleanor & Park* (Hodder St. Martin's Griffin, 2013), p. 301.
3. Gary Thomas, *The Sacred Search.* (David C. Cook, 2013), p. 64.
4. Si desea más información sobre este concepto, vea Mateo 6:33.
5. Deirdre Bair, "The 40-Year Itch", *New York Times*, 3 de junio de 2010, www.nytimes.com.
6. C. S. Lewis, *Surprised by Joy* (ount Paperback, 1955), p. 20.
7. Shaunti Feldhahn, *The Surprising Secrets of Highly Happy Marriages* (Multnomah, 2013), p. 178.
8. Feldhahn, *Secrets of Highly Happy Marriages*, p. 185.

Pensamiento #4: No puedo moldear a mi esposo a mi imagen

1. Becky Zerbe, "The List That Saved My Marriage", *Today's Christian Woman*, septiembre de 2008, www.todayschristianwoman.
2. Dr. Henry Cloud y Dr. John Townsend, *Boundaries in Marriage.* (Zondervan, 1999), p. 18.
3. Ellie Lisitsa, "The Four Horsemen: Contempt", *The Gottman Relationship Blog*, 15 de mayo de 2013, www.gottmanblog.com.
4. para saber más sobre el desafío de Cheri Gregory, visite su página de Internet: www.cherigregory.com.
5. Shaunti Feldhahn con Tally Whitehead, *The Good News About Marriage.*(Multnomah, 2014), p. 117.
6. Geri Scazzero, *The Emotionally Healthy Woman.* (Zondervan, 2013), p. 141.
7. Scazzero, *Emotionally Healthy Woman*, p. 144.
8. John Townsend, *Who's Pushing Your Buttons? Handling the Difficult People in Your Life* (Thomas Nelson, 2007), edición para Kindle, ubicación 1527–1529.

Pensamiento #5: No estoy en una competencia con mi esposo

1. The Princess Bride, dirigida por Rob Reiner, acto III Communications, 1987.
2. Wayne Grudem ha escrito mucho sobre el significado de *kefale*, argumentando que no significa "fuente", sino que connota autoridad. Otros, sin embargo, han contrarrestado sus escritos. Yo encuentro esto último más convincente. Usted puede leer las diferentes partes del debate aquí: Berkeley y Alvera Mickelsen, "What Does Kephale Mean in the New Testament?" en *Women, Authority, and the Bible* (InterVarsity Press, 1986), pp 97–110, y en: Wayne Grudem, "The Meaning of Kephale ('Head'): a response to recent studies". *Trinity Journal* 11NS (1990), pp. 3–72. Un resumen de cada argumentación puede leerse aquí: www.doxa.ws/social/Women/head2.html. Para mí, uno de los argumentos más convincentes es que si *kefale* connota autoridad, entonces 1 Corintios 11: 3 pone nuestra doctrina de la Trinidad en peligro.
3. Ver, por ejemplo: Debi Pearl, *Created to Be His Help Meet* (Pleasantville, TN: No Greater Joy Ministries, 2004), como un autor que siente que la identidad primordial de la mujer solo se encuentra en relación con la "ayuda" que le presta a su marido.
4. Carolyn Custis James, "The Return of the Ezer", Whitby Forum, 5 de diciembre de 2005, www.whitbyforum.com.
5. Dr. Larry Crabb, *Fully Alive.* (Baker, 2013), p.50.
6. Crabb, *Fully Alive*, p. 50.
7. Ver Gary Thomas, *Sacred Marriage.* (Zondervan, 2008) si desea profundizar en este concepto.
8. Otro ejemplo sería 1 Corintios 7, donde a las parejas se les pide valorar el sexo en el matrimonio
9. Jennifer Wilkin, "When Dad Doesn't Disciple the Kids", *The Beginning of Wisdom*, 22 de octrubre de 2014, http://jenwilkin.blogspot.com.

Pensamiento #6: Estoy llamada a ser una pacificadora, no una mediadora

1. Ver Hechos 10.
2. LiveScience Staff, "Spouses Who Fight Live Longer", LiveScience, 23 de enero de 2008, www.livescience.com.
3. Citado por Billy Graham en el funeral de su esposa Ruth, www.ruthbellgrahammemorial.org.
4. Nina Roesner, "Have You Morphed into His Mom by Doing It All? Respect Dare #33", *The Respect Dare*, descargado de http://ninaroesner.com.
5. Robert Lewis y William Hendricks, *Rocking the Roles.* (NavPress, 1999), pp. 183–86.

Pensamiento #7: La unión es más importante que tener la razón

1. CFitado en Smart Marriages, citas sobre el matrimonio, www.smartmarriages.com/marriage.quotes.html.
2. Gary Chapman, *The Five Love Languages.* (North eld, 2009).

Pensamiento #8: Tener sexo no es lo mismo que hacer el amor

1. Dominic Midgley, "Why Are We Having Less Sex?" Daily Express, 7 de noviembre de 2013, www.express.co.uk.
2. Sheila Wray Gregoire, *The Good Girl's Guide to Great Sex* (Zondervan, 2012), p. 247.
3. Gregoire, *Good Girl's Guide to Great Sex*, p. 249.
4. Véase, por ejemplo, al pastor Ed Young de The Fellowship Church en Grapevine, Texas, aparecer en las noticias, incluso en CNN, desafiando a su congregación a tener relaciones sexuales todos los días durante una semana. Setrige Crawford, "Texas Pastor Challenges Congregation to Have More Sex", *The Christian Post*, 9 de enero de 2012, www.christianpost.com.
5. Ron Gavrieli, "Why I Stopped Watching Porn", conversaciones TED, 6 de octubre de 2013, www.youtube.com (TED son las siglas de Technology, Entertainment, Design.)
6. Rachel B. Duke, "More Women Lured to Internet Pornography", *Washington Times*, 11 de julio de 2010, www.washingtontimes.com.
7. "Scientists: Too Much Internet Porn May Cause Impotence", NewCore, Fox News, 25 de febrero de 2011, www.foxnews.com.
8. Gregoire, *Good Girl's Guide to Great Sex*, p.28.
9. Tyger Latham, "Does Porn Contribute to ED?" Therapy Matters, *Psychology Today*, 3 de mayo de 2012, www.psychologytoday.com.
10. Carrie Armstrong, "ACOG Guideline on Sexual Dysfunction in Women", *American Family Physician* 84, nº. 6 (15 de septiembre de 2011): pp. 705–709.
11. Jennifer Smith, "Why I Chose to Get Rid of Parabens & What I Use Instead!" 20 de febrero de 2014, http://unveiledwife.com.
12. Gregoire, *Good Girl's Guide to Great Sex*, p. 246.
13. Ver la historia completa de Rajdeep en "Honeymoon Blues to 'O'ver the Rainbow," *To Love, Honor and Vacuum*, 9 de octubre de 2012, http://tolovehonorandvacuum.com.
14. Mary DeMuth, "Wifey Wednesday: Sexual Abuse Really Messes with Your Sex Life", *To Love, Honor and Vacuum*, 16 de abril de 2014, http://tolovehonorandvacuum.com.

Pensamiento #9: Si no soy cuidadosa, nos distanciaremos

1. Shaunti Feldhahn, *The Good News About Marriage* (Multnomah, 2014), p.75.
2. Blaise Pascal, *Pensées*, 1670.
3. Shaunti Feldhahn, *The Surprising Secrets of Highly Happy Marriages* (Multnomah, 2013), p. 189.
4. Gary Thomas, *Sacred Pathways.* (Zondervan, 2010).
5. John y Stasi Eldredge, *Love & War.* (WaterBrook, 2011), p. 127.
6. Feldhahn, *Secrets of Highly Happy Marriages*, p. 147.
7. Feldhahn, *Secrets of Highly Happy Marriages*, p. 145.
8. Del libro *Sleeping with Bread,* de Dennis Linn, Sheila Fabricant Linn, y Matthew Linn (Paulist Press, 1995).
9. Tomado de una conversación personal del 28 de mayo de 2014.
10. Una multitud de estudios existentes demuestran los beneficios que obtienen los niños que crecen en una familia con sus dos padres. Este, por ejemplo, es un informe de uno de tales estudios: W. Bradford Wilcox, "Marriage Makes Our Children Richer—Here's Why", *The Atlantic*, 29 de octubre de 2013, www.theatlantic.com/business. Otro estudio, enfocado hacia la obesidad y el divorcio, puede leerse aquí: Cari Nierenberg, "Children of Divorce May Be More Likely to Be Overweight", *LiveScience*, 5 de junio de 2014, www.foxnews.com.
11. Jennifer Degler yd Paul Coughlin, *No More Christian Nice Girl.* (Bethany House), edición para Kindle, ubicación 403–418.
12. Linda J. Waite y Maggie Gallagher, *The Case for Marriage.* (Random House, 2002).